やる気があふれて、止まらない。

究極のモチベーションをあやつる36の習慣

早川 勝

きずな出版

Prologue——

すべては「やる気」が解決する

正直にカミングアウトしよう。

じつは私、たいした能力も知識もない、平々凡々《へいへいぼんぼん》なビジネスパーソンであった。どちらかと言えば、落ちこぼれてもおかしくないほど、実力のない男だった。

では、そんな私が四半世紀にわたり、入れ替わりの激しい生保《せいほ》業界において、完全歩合給制のプレーヤー・営業所長・支社長・統括部長・本部長として、数千万円の年収を稼ぎ続けることができたのは、なぜだったのか？　さらには作家として10冊もの書籍を出版でき、世間から認知されるまでに活躍することができたのは、いったいなぜだったのだろうか？

それは「やる気を持続できたから」という、超シンプルな理由にたどり着く。

私が現場の実体験を通じて修得したことは、机上で百年学んでも得ることができない「やる気があふれて、止まらない法則」だった。

具体的にどのような心構えを持って行動すれば「やる気」をコントロールできるのか、私ははっきりと確信するに至った。そしてそれが、私の最大の強みとなったのだ。

私はかつて、落ちていく実力者たちの後ろ姿を、数多く見送ってきた。

いっときの「やる気」で荒稼ぎはしたものの、やがて失脚していく彼らは、モチベーションをコントロールする〝すべ〟を知らなかったのだ。

いくら能力が高くても、「やる気」が持続しなければ、ただ落ちていくだけである。

もしかするとあなたは、自分は「やる気」がアップダウンする弱い人間であると、あきらめの境地にいるのかもしれない。

いや、でもどうか、あきらめないでほしい。

今からでも、あなたの未来は変えられるのだ。

「やる気」があふれて止まらない生き方にシフトチェンジすることで、業務効率、営業成績、マネジメント実績はもちろんのこと、プライベートでの幸福感も飛躍的にアップしていくことだろう。

心が重く、立ち上がれないすべてのビジネスパーソンに向け、具体的にどんな行動をすれば「やる気」が湧いてくるのか、その真実を36のメッセージを通して伝えたい。

本書においては、その私の持論に加えて、偉人賢人の名言に力をお借りした。
過去、生保営業の最前線で心が折れそうになった私自身に、気づきを与えてくれ、幾度となくピンチから救ってくれたのが……偉人賢人たちの名言の数々であった。
厳選に厳選を重ね、蘇った偉人賢人の数は、なんと108人にも及び、ここに時空を超えた「やる気のコラボレーション」が実現したのである。

読了後のあなたは、胸を張って立ち上がり、きっとこう叫ぶに違いない。
「やる気があふれて、止まらない」と。

Prologue——すべては「やる気」が解決する——001

Chapter 01
なぜ、やる気が出ないのか？
01——本気でサボればサボるだけ、やる気スイッチが入る——010
02——あなたの「がんばります」が、やる気をどんどん落としていく——017
03——不平不満をため込むと「やる気を蝕む悪魔」が微笑む——024
04——安易に環境を変えても、やる気は変わらない——031
05——ユーモアで人を笑わせると「やる気ホルモン」が分泌される——038
06——やる気の神様は、いつも遅刻してやってくる——045

Chapter 02
ライバルの一歩先を行く「パフォーマンス」を維持するコツ

Contents

Chapter 03

少しの「覚悟」が、やる気をつくる

07 眠る前のポジティブな瞑想が、明日のやる気をつくる――054
08 家族への愛ある行動が、自らのやる気をアップさせる――061
09 目の前のゴミを拾い上げると、やる気も上がる――068
10 やる気があるから早起きなのではない、「朝早く起きるからやる気になる」のだ――075
11 やる気パーソンを徹底的に模倣せよ――082
12 ダイエットには、心の「怠慢脂肪」を消費させる効果がある――089
13 やる気が落ちたら神社へ行け――095
14 他人の罪を裁かず、謙虚に反面教師とせよ――104
15 絶対に後悔しない前提で決断せよ。やる気とは、決意と覚悟だ――110

Chapter

04

究極の「モチベーション」を習慣化する

16 執着を捨てると、やる気が蘇ってくる——116
17 死ぬ気で生きろ。「そのうち」「いつか」は永遠に訪れない——123
18 「楽観主義者」と「やる気のない怠け者」をはき違えるな——129
19 自分自身のご機嫌を取り、どん底をも楽しむ——135
20 鏡の前で笑顔をつくり「もう一人の自分」をアファメーションせよ——144
21 マネーモチベーションの有効活用——150
22 「やる気メンタル」をコントロールせよ——157
23 「親不孝」があなたのやる気を蝕んでいく——164
24 「やる気を与える楽しみ」を知る——171
25 自宅のトイレを「やる気部屋」へ改造せよ——177

26 やる気指数は「口ぐせ」で決まる——184

Chapter 05

「チーム」の能力を最大化するリーダーシップ

27 人混みから離れ、孤独を楽しめ——192
28 「社会貢献」と「自己実現」をイコールにすると、やる気が湧く——199
29 リーダーが「率直・公平」なら、チームのやる気はアップする——206
30 「ええかっこしい」をやめて、弱点をさらけ出せ——213
31 チームのたるんだ贅肉は「やる気トレーニング」で絞り切れ——219
32 危機感を煽るだけの「脅しマネジメント」はやめろ——226

Last Chapter

"自分も周囲も"やる気があふれて止まらなくなる

33 エキサイティングな「やる気空間」をつくり出せ――234
34 スピードと「やる気回転率」をアップさせろ――241
35 やる気の出るキャッチーな流行語を広めろ――248
36 正義の名の下に、「やる気人材」は集い、育つ――255
Epilogue――やる気に火をつけろ!――263
参考文献――266

Chapter

01

なぜ、やる気が出ないのか？

01

本気でサボればサボるだけ、やる気スイッチが入る

今や、どこの企業でも労働時間を減らそうという「働き方改革」が盛んだ。裏を返せば、かつてのビジネスパーソンが、長時間働くことを美徳としてきた証であろう。

成果は仕事量に比例すると、多くのビジネス戦士が信じ込み、それを実践してきたのだ。

生真面目な人ほど、一心不乱に仕事に励んできたに違いない。また、そのハードワークを評価してきた企業側のブラックな一面も否定できない。

ところが残念なことに、いくら休日出勤や深夜残業を積み重ねたとしても、それが成果につながるとは限らないのである。

必ずしも過去の成功者は真実を伝えてはくれない。

「継続は力なり」「塵《ちり》も積もれば山となる」「ローマは一日にして成らず」と、おもしろくもな

い自慢話や真似のできない苦労話をひけらかす。

たしかに、豊富な活動量によって、ある程度の生産性は確保されるのかもしれない。

しかし昨今は、むしろゆとりを持って働いているマイペースなタイプのほうが、出世していく現実がある。当たり前だろう。そんなに「やる気」が続くわけがない。

大切なのは、いかにして「サボる」かである。

私は、フランス第一帝政皇帝、ナポレオンのこの言葉が好きだ。


人生という試合で最も重要なのは、休憩時間の得点である

――ナポレオン・ボナパルト

本来この名言は、「干《ほ》されている不遇時代をどう過ごすか、逆境をいかにして乗り越えるかによって、未来が変わる」という意味なのだろうが、私の勝手な現世風解釈は、少し違う。

「休憩時間」とは、そのまま「仕事をしていない時間」であると考えたい。

つまり、仕事を「サボっている時間」ということになる。

「もっと豊かなビジネスライフを送りたい」と願うなら、これからはもっと〝やる気満々でサボる〟ことをオススメしたい。

働きづめに働いていると、いくら働き者のあなたであっても、いつか「やる気」が萎《な》えてくる。いずれ限界がやってくるものだ。やはり、効果的な休憩や休養が必要になるのは当然のことなのである。

タイミングよくガス抜きすることが、高いパフォーマンスを維持するためにどれだけ大切かを、優秀なビジネスパーソンほど本能的に理解している。そしてそれを実行している。

彼らは、サボることに罪悪感など持っていない。後ろめたさを感じることなく、堂々と遊び、サボっている。自らの行動を正しく自覚していると言っていい。

だからこそ、やるときはやる。集中して働く。

やる気スイッチを切り替えて働くことができるのだ。

サボれることは、自信の裏返しでもある。

挽回できる自信があるからこそ、サボれるのだ。

中途半端なビジネスパーソンは、そもそも自信がない。だから恐くて本気でサボれない。

さらには、心の底ではサボることに罪悪感を持っているので、いったんサボり癖がついたら最後、ダラダラと止めどもなくサボり続け、そのヘタレな自分の姿を正しく認めようとしない。仕事をしているのか、仕事をしていないのか、いつも区別があいまいなのだ。

傷を舐め合う居酒屋での交流を「会議」と呼び、ウインドウショッピングを「マーケティング」と呼び、長時間にわたる居眠りを「健康管理」と呼び、カフェでのマンガ読書を「学習時間」と呼び、平日のゴルフを「接待」と呼び、スマホでのゲーム遊びを「トレーニング」と呼び、二日酔いによる体調不良休暇を「充電」と呼ぶ。

そうやって、すべての行動を巧妙に正当化している。

これらの行動が遊興《ゆうきょう》という自覚のもとに時間を使っているのであれば、本当の意味で気分転換や休養になるだろう。それらはむしろ必要なことだ。

しかし、それらの中途半端なサボり癖は悪習となって心を蝕《むしば》み、ますます「やる気」を奪っていくことになる。

ときには、どれだけがんばっても正当に評価されず「やってられない」と思うこともあるだろう。失敗して落ち込み、「やる気」が奪われていくこともあるだろう。
そんなとき、あなたはなかなか重い腰を上げることができない。
そんなあなたへ、第16代アメリカ合衆国大統領、リンカーンの名言を贈りたい。

あなたが転んでしまったことに関心はない。そこから立ち上がることに関心があるのだ

――エイブラハム・リンカーン

カフェやパチンコ店の椅子から、いかにして立ち上がるかである。
腐って落ちるところまで落ち、一時的にせよ「やる気」を失ってしまったあなたが、その場所からどのような気持ちで立ち上がるか、なのである。

悪循環を断ち切るには、俯瞰《ふかん》することだ。

「自分は堕落《だらく》している」という正しい認識を持ち、それができたら次は「自分は今この時間、本気で休養している」という解釈へ変えることである。でなければ、挽回が利かない。

仕事中に現実逃避するのはもうやめよう。

「次の休日はどこへ遊びに行こうか」

「週末は誰と飲みに行こうか」

「夏休みの旅先はどこにしようか」

こんなふうに、本来の目標から目を逸《そ》らしている場合ではない。

そうかと思えば、気分を切り替えなければいけないオフタイムに、

「ああ、どうしよう。成績が上がらない」

「ああ、悔しい。ライバルにまた先を越された」

「ああ、困ったな。このままでは上司に怒られる」

と、いわゆるスランプ状態に悩んでいるのではないのか。あなたの頭の中は休むことができないまま休日を過ごし、余計なストレスをため込むことになっているのではないのか。

仕事中には休日のことは忘れ、休日には仕事を忘れることだ。

さあ、立ち上がれ！

オンとオフの「やる気スイッチ」を完全に切り替えるのだ。

ではここで、逃避グセのあるあなたへ、元イタリア代表の伝説的なサッカー選手、ロベルト・バッジョの名言を贈ろう。

僕が知っている『ドーピング』は、ただひとつ、努力だけだ

——ロベルト・バッジョ

今すぐ、逃避という名のドーピングをやめなければならない。

効果的な努力こそが「やる気」を呼び起こすということを知っておくべきだ。

オン・オフのバランスが絶妙に取れているビジネスパーソンはいつも「やる気」満々だ。

「やるときは本気でやる。遊ぶときも本気で遊ぶ」

このタイプは、いつの時代も永遠にハイパフォーマーであり続ける。

昔も今も、その法則に変わりはない。

02 あなたの「がんばります」が、やる気をどんどん落としていく

「がんばって！」「がんばれ！」というエールが、日本人は大好きだ。

まるでシュプレヒコールのように、全国津々浦々《つつうらうら》でこだましている。

また、「がんばります！」という前向きかつ、あいまいな決意表明も、日本中で頻繁に交わされているご挨拶であり、それはビジネスシーンにおいても同様である。

がんばって努力している見せかけの姿勢が、成果以上に評価されることもあるし、当たって砕け散るという、涙ぐましいがんばりを励ます美学もまた、日本人の尊い文化だ。

結果が出なかったとしても、がんばったプロセスを巧妙に証明することさえできれば賞賛されることもあるのだから、ニセパフォーマーにとって「がんばります」とは、とても便利な言葉である。

おそらく、日々あなたも必死にがんばっているだろうし、私はその努力を否定するつもりなど毛頭ない。むしろ、成果もままならないのに、ただひたすらがんばれる、あなたのストレス耐性には心から敬意を表したいほどだ。

しかし、「がんばればがんばるほど、成功は遠ざかっていく」ということに、そろそろ気づいてほしい。

ただ単にがんばっているつもりになり、結果にこだわらない生き方をしていると、いつまで経っても力がつかないから、成長もない。

この先ずっと同じステージを堂々巡りするしかなくなる。

「がんばっている」という思い込みと自己満足は大変危険である。

そこには、成果へ向かう工夫もなければ、戦略・戦術もなく、昔ながらの古い慣習や少ない成功体験に縛られた **〝自己陶酔型《じことうすいがた》のがんばり屋〟** がいるだけだ。

結局、成果へつながらないがんばりは長続きしないものだ。

「やる気」は上がったり下がったり、なかなかコントロールすることは難しい。

「がんばり屋の私が好き」だけでうまくいくほど、世の中は甘くないのである。

そんなあなたへ、理論物理学者、アインシュタインの名言を贈りたい。

同じことを繰り返しながら違う結果を望むこと、それを狂気という

——アルベルト・アインシュタイン

あなたも早く目を醒《さ》ましてほしい。

がんばり屋の「狂気」ほど、恐いものはない。

何よりも、沈着冷静な結果追求への姿勢こそが、本当の「やる気」を引き出してくれる。

支社長として私が率いていた生保のプロセールス軍団では、「がんばります」を禁句にする方針を推進していた。**がんばらなくなった途端に、組織はV字回復に向かっていったのだから、皮肉なものである。**

支社が業績不振に陥っていた時期のがんばり屋さんたちは、大きな勘違いをしていた。そう、**「がんばる病ウイルス」**に侵されていたのだ。

このウイルスは「やる気」を殺す病原菌である。

この病のステージが進行すると、いつの間にか気づいたときには「錯覚→マンネリ→怠慢《たいまん》→挫折」という悲惨な結末が待っている。

このウイルスの恐ろしい特徴の一つは、自覚症状がなく潜伏期間が長いところにある。

だからくれぐれも忠告しておく。

「がんばっているつもり」というぬるま湯の中につかっているかぎり、あなたに明るい未来は訪れない、ということを。

私は、心理学者、ユングのこの名言が好きだ。

あなたが向き合わなかった問題は、いずれ運命として出会うことになる

——カール・グスタフ・ユング

そう、運命とは偶然ではなく必然だ。先送りにした問題は、やがてあなたに厳しい現実を用意してくれる。あなたが「ツイてない」と、過酷な運命を嘆《なげ》くような不幸に遭遇したとき、それは過去の問題を放置してきた〝ツケ〟であると思ったほうがいいだろう。

もうがんばらなくていいから、シンプルに目の前の問題と向き合うことである。

一刻も早く、見て見ぬふりをしている目の前の問題と直面し、改善策へ向かって具体的な行動を起こしてほしい。

問題解決に向かい、効果的にがんばっているかどうかが大切なのであって、そもそもがんばること自体には大した意味はない。

深刻な問題に背を向けがんばること自体にのぼせあがるくらいなら、最初からがんばらないほうがよっぽどましである。

実際、問題解決や目標達成に対して、「できるか、できないか」を問われたとき、「できます」と答えずに、「がんばります」と答える人が多い。

その意味をかみ砕くと、「できる自信はないから、できますとは言い切れないけど、できるだけ努力はしてみます」というニュアンスが含まれている。

いやはや、とんだ茶番である。

不明瞭な言霊《ことだま》はやがて「できなくたって、仕方ないじゃないか」「がんばったんだから、それでいいじゃないか」という甘え根性をも増殖させかねない。

「やる気のある」やるかやらないか、が重要なのであって、「やる気のない」がんばるかがんばらないかに意味はないのだ。

これからはもう、あなたの人生から「がんばる」をデッド・ワードとすることだ。

同僚や部下に対して「がんばれよ」や「がんばって」という声掛けや、自分から発する「がんばります」や「がんばるぞ」という自己宣言はやめにしたい。

いつ、いかなるときでも、結果にフォーカスした言葉を口にするべきである。

日々の口癖をあいまいな「がんばります」から、問題を解決するための「いついつまでに○○をやります」という具体的な行動目標に変えるのがいいだろう。

たとえば、

「毎週○件のご契約をいただくために、一日○軒のアポイントを取ります」

「来年、海外でのプロジェクトを成功させるために、毎晩○時間、英語の勉強をします」

「独立する目的のために、○年後までに○○万円を積み立てます」

など、何に向かって何をやるのかを常に明確にし、それを行動に移すことだ。

スタジオジブリのアニメーション映画監督、宮崎駿は、こんな名言を残している。

消費者になってはいけない。生産する者になりなさい

――宮崎駿

あなたの行動は生産的だろうか。

常に何かを生み出し、少しでも社会・経済に貢献していると言えるだろうか。

ただ単に時間を消費し、知力・体力を消耗し、お金を浪費しているだけではないのか。

あなたのがんばりが、生産性の高い努力なのかどうか、胸に手を当てて、よく分析してほしいものである。

これからは、「がんばります」は封印して、達成のためのプロセスをあいまいにせず、生産的な行動目標を有言実行し続けてほしい。

そうすれば本物の「やる気」が持続するはずだ。

03

不平不満をため込むと「やる気を蝕む悪魔」が微笑む

今、あなたは「やる気」満々で暮らしているだろうか？

えっ？　退屈な毎日でまったく「やる気」が起きないだって？　もしかすると、ほとんどの人がそうした刺激のない日常に肩を落とし「やる気」のない日々を過ごしているかもしれない。そもそも毎日充実した暮らしができずに退屈しているどころか、理不尽なこと、思い通りにいかないことだらけで不平不満がたまり、モチベーションは上がったり下がったりと安定しない。それが現実だろう。とはいえ、都合のいいことを待っているだけで、本当の「やる気」が湧いてくるはずもない。

あなたは、退屈な日常を自らが選択しているという現実を受け入れているだろうか。

もっと言えば、不幸な出来事さえも、あなた自身が「選択」した現実であるという

ことを、真っ直ぐに受け入れているだろうか。

もしかすると、現実の厳しさを消化できていないのではないだろうか。

不況に陥り収入が激減することもあるだろう。しかし、景気など元々不安定なものだ。それを当てにするほうがおかしい。

異動先でパワハラ上司からの恫喝《どうかつ》に遭うこともあるだろう。しかし、そもそもこの手の類《たぐ》いは、多かれ少なかれ、どの組織にも生息している。

友人に裏切られ、人間不信に悩むこともあるだろう。しかし、友人は自分自身を映す鏡なのだから、すべての人間関係は自業自得である。

死にたくなるような失恋を味わうこともあるだろう。しかし、燃えるような大恋愛であったとしてもやがて時が経てば忘れるし、むしろそれは新しい恋へのスタートでもある。

思わぬ大事故に見舞われ、身体的な苦痛や経済的な損失を被ることもあるだろう。しかしそのとき、その場所に居合わせる選択をしたのは自分自身だ。

これらの例え、あなたにも似たような経験があるのではないだろうか。

私はつらい現実に直面したとき、作家、ジョン・キムのこの名言を思い起こし、自らを納得させてきた。

選択したものを『正解』にしていくのが人生

――ジョン・キム

選択した人生を不正解のまま終わらせてしまうなんて、悔しいではないか。いかなる選択肢も正解にしてみせるという「やる気」が、さらなる「やる気」を呼び起こす。

「あのことがあってこそ、今の幸せがある」という、人生大逆転の解釈が〝やる気のもと〟なのである。

不幸な選択と引き換えに、必ずもう一つの運命が手に入る。

理不尽な体験や不運な結果に対して、嘆き悲しむのではなく、「自らが選択したもの」だとして受け入れ、それが正解となるまで孤軍奮闘《こぐんふんとう》し乗り越えていく。

その瞬間は「不正解」だったと悔やむような失敗を犯したとしても、いずれはそれらすべてを「正解」にしていく解釈の積み重ねこそが、これから五年後、十年後と継続していく「やる気」を生み出すのだ。受容《じゅよう》と革新《かくしん》を繰り返した分だけ、あなたは成長し、「やる気」がみなぎっていくのである。

いつ、いかなるときでも、大正解の解釈が持てたら、多くの苦悩や葛藤《かっとう》から解放され、もっと「やる気」満々に生きていける。

そのためには、受容する心が折れないように、あなたの謙虚なメンタリティーを徹底的に磨いておくことである。常に何事も素直な心で肯定的に解釈し、「これもまた大正解にしていく」というフレーズを唱え、常に受け入れるのだ。

そうすれば、あなたの「やる気を蝕む悪魔」は退散していくことになるだろう。

「やる気を蝕む悪魔」は、ネガティブなエゴイストが大好きだ。

退屈や不平不満の原因は、あなた自身の傲慢《ごうまん》さがつくり出していると思ったほうがいい。

あなた自身が「やる気をあげる天使」の立場だったらどうだろうか。

何かいいことをしてあげても、感謝の態度がないどころか「当たり前」と言わんばかり。逆によかれと思って何か成長の機会を与えてあげようと試練をプレゼントすると、不平不満ばかりの逆恨み。

こんな人に対して「やる気」を注入してあげようという気になるだろうか。ならないはずだ。逆にこらしめたくなるのではないのか。あなたの潜在意識が天使から悪魔に変わる瞬間だ。

もうそろそろあなたも、くよくよと「怨《うら》めしや〜」という後悔ばかりの人生から卒業し、心からすべての出来事を正解にする生き方に進化してみたらどうだろう。

頼りない何かにすがることも、依存する誰かに裏切られることもない孤高の人生を、自分の足だけで歩んで行こうではないか。

私は、剣豪、宮本武蔵のこのシンプルな言葉が好きだ。

我事において後悔せず

——宮本武蔵

62歳で臨終《りんじゅう》の床にあった宮本武蔵が、最期の筆でしたためた「独行道《どっこうどう》」の第一か条である。

武蔵の辞書には、最初から最後まで「不平不満」という文字はなかったに違いない。

「我事において」を〝自分の周囲の出来事はすべて現実であり、後悔しても仕方ない〟という意味の「われ、ことにおいて」と解釈する説もあるし、〝すべて自分自身が関わったことなのに何でくよくよと後悔する必要があるのか〟という意味で「わがこと、において」と解釈する説もある。


武蔵の〝やる気魂〟を鮮やかに示したこの名言は、究極の「ポジティブ・シンキング」であると思う。


さらに、「我」という意味を「自我」「執着」「エゴイズム」と解釈することもできる。

人間とは、どんなに「やる気」で修業を積み重ねようとも、決して利己的なＤＮＡから逃れることはできない。

ときには欲望に負けることもあるだろうが、そんな愚かな失敗を繰り返そうとも、常にあるがままの自分を受容することだ。

そして自省と自制を繰り返していくしかない。

だからこそ、そこに正解が見えてくるのである。

では、ここで、19世紀イギリスの歴史家、トーマス・カーライルの名言を紹介しておきたい。

経験は最良の教師である。ただし、授業料が高すぎる

――トーマス・カーライル

人間は本当に愚かだ。私たちは、いつも高い授業料を支払わなければ、本当の意味での学びは得られないのかもしれない。

人生においての最良の教師は、「経験せよ」と、次から次へ難題な宿題を課してくるが、私たちはそれを簡単に解くことができずに、もがき苦しむ。

もがいてもがいて、やっと正解が出せるころには、多くの時間やお金を費やし、大きな代償を支払うことになる。そうして、ようやく真実に気づくのだ。

人生とは、なんとも、うまくできているものである。

04

安易に環境を変えても、やる気は変わらない

もしもあなたが「やる気」を失っているビジネスパーソンの一人だとしたなら、本書と出会ったこの機会に、世にも恐ろしい伝染病に冒されていないか、念のため、自己診断してみるといいだろう。

その伝染病とは、あなたのまわりでもウイルスが蔓延《まんえん》している「環境依存型○○のせい病」のことだ。

前述した「がんばる病ウイルス」は「やる気」を殺す病原菌だが、「○○のせい病ウイルス」は人生を破壊する恐れのある、もっとも厄介な病原菌だ。

決してあなたも他人事とは言い切れない。

経済的に困窮《こんきゅう》している人、出世の道を閉ざされた人、人間関係の軋轢《あつれき》に苦しんでいる人など、

一見、被害者を装ったそれらの人たちの中には、ウイルスに感染している患者が潜んでいる。「〇〇のせい病」を発症している人は、業績不振を景気のせいにし、低評価を上司のせいにし、人間関係が悪いことを環境のせいにしている。

さらには、お客様が悪い、商品が悪い、部下が悪い、会社が悪い、家族が悪い、政治家が悪い、天気が悪い、運が悪いと、すべては自分以外のせい。

目の前の課題と直面しようとせず、その原因を自分以外に押し付け、誰かを恨んでいるか、何かに憤《いきどお》っている。被害者意識のかたまりとなり、いつも嘆いている。

自覚症状のない被害者意識ほど恐ろしいものはない。

責任転嫁したまま、あきらめの境地をさまよっているのだ。

そして、頑《かたく》なに「自分は悪くない」と思い込み、ぶつけようのない苛立ちと、どうにもならない閉塞感いっぱいの世界で「やる気」を失っていくのである。

未来の展望がないのだから、「やる気」が湧いてくるはずもないだろう。

そこで、人生に行きづまってしまった多くの感染者たちは、なぜかすぐに環境を変えようとするのだ。

いやいや、ちょっと待ってほしい。

ではここで、明治時代の思想家、高山樗牛《ちょぎゅう》の名言をあなたに贈りたい。

自分が立っている所を深く掘れ。そこからきっと、泉が湧き出る

——高山樗牛

あきらめてしまうその前に、今、自分がいるその場所を、とことん深く掘り下げてみてはどうだろう。その環境にだって、これからの努力次第では、まだまだ泉が湧き出る可能性があると信じて。

そもそもの問題は免疫力の低下にある。

「○○のせい病ウイルス」は、そこら中の職場に蔓延している流行り病だ。

安易に環境を変えたからといって、感染力の強い「○○のせい病ウイルス」の脅威から逃れることはできない。

「○○のせい病ウイルス」の感染から身を守る方法は、ただ一つ。

あなたが今、立っている所を深く掘り続けることである。

そうすれば、深く掘られた「努力のシェルター」が、あなたを感染から守ってくれるはずだ。

それと同時に、鍛錬によって磨き上げられた筋肉質なメンタルによって「免疫力」も上昇していく。

そうして健全な体質改善が図られたあなたには「やる気ホルモン」が増殖していく、というわけである。

だから、環境のせいにする前に、ここは一念発起、自分自身の取り組みを変えてみてはどうだろうか。


たしかに環境を変えるだけで人生が変わることもあるのだが、実際は、安易に職場を転々とするだけで、状況は悪化の一途を辿っている人も少なくない。

責任転嫁による苦悩は簡単に根治《こんち》されないし、現状をさらに深刻化させていくことになる。

置かれている環境をどれだけ別の場所に変えたとしても、ふたたび同じような〝環境問題〟に悩まされることになるのがオチだ。

さらには、環境を変えて「自分探し」の放浪の旅に出かけたまま、ずっとさまよっている人がいる。

そのような受け身の考えで自分探しに奔走したところで、本当の自分が見つかるわけもないし、自分に都合のいい居場所というのもなかなか見つからないものだ。

私は、文学者、ジョージ・バーナード・ショーのこの名言が好きだ。

人生とは自分を探すところではない。自分を創るところだ

――ジョージ・バーナード・ショー

あなたにも、今いるその場所で、自分を創り出す努力を続けてほしい。

甘ったるい「自分探しの旅」で迷走している人は、「かわいそうな自分に誰か同情してほし

い」と自己卑下しているタイプが多い。

人のせいや環境のせいではなく、今度は〝自分のせい〟というわけである。

ある意味、自分を責めているうちは楽だ。

自分自身はそのままで変わる努力をしなくていい、と簡単にあきらめることができる。

しかし、自分の人生に対し、そんな無責任な立ち位置でいいのだろうか。それではみすみす「自分を創造するチャンス」を失っているだけではないのか。

どちらの「〇〇のせい病」タイプも、とにかく自己中心的で被害者役を演じるのが大好き、という共通点がある。

一日も早く被害者役を演じる人生の列車から降り、そのステーションに腰を落ち着けてほしい。そしてその場所で生きる覚悟を固めてほしいものだ。

問題は、環境でもなければ、あなた自身の才能でもない。問題は、あなたの取り組み方なのである。

「今、ここ」での真実と直面し、変革へと邁進しなければならない。

そんなあなたへのエールとして、幕末の志士、坂本龍馬のこの名言を贈っておきたい。

なんでも思い切ってやってみろ。どっちに転んだって、人間、野辺の石ころと一緒。最後は骨となって一生終えるのだから。だから思い切ってやってみろ

――坂本龍馬

「人間、野辺の石ころと一緒」とは、理屈抜きで「やる気」が湧いてくるフレーズである。目の前の問題と思い切り向き合うには、少なからず勇気が必要だ。できれば逃げ出したい、というあなたの感情は痛いほど理解できる。

しかし、決して隣の芝は青くない。

これまであなたが掘ろうとしてこなかったまっさらなその場所から、泉が湧き出ると信じ、思い切ってチャレンジしようではないか。

そこに「骨を埋める覚悟」こそが、あなたの一生を豊かにするのである。

05 ユーモアで人を笑わせると「やる気ホルモン」が分泌される

これまで私がブレることなく「やる気モード」を持続させることができたのは、いついかなる場所、どんなときであっても、周囲の人たちを笑わせてきたからに他ならない。

とにかく大優先で、目の前の相手を楽しい気分にさせるサービス精神のもと、常にその場を盛り上げるエンターテイナーを演じてきた。

よって、上司や部下、お客様や取引先、友人や知人など、周囲からの私への評価は、「おもしろい人」「話術が巧みな人」「パワフルな人」である。ただ、意外に思われるかもしれないが、幼少期の私への評価は、「控え目な子」「真面目な子」「無口な子」であった。

だから、ユーモアのセンスや卓越したトークスキルというのは、決して天賦の才ではない。思春期から現在に至るまで、私は意識的に努力してお笑い芸を磨き、自己改革を続けてきたのだ。

なぜなら、人を楽しませる行為こそが、自らの「やる気ホルモン」を活性化させる最も効果的な手段であることに気づいたからだ。

明るく元気になったその相手から、お返しとして、さらなる「やる気」パワーをもらってきたのである。

それはもう計り知れないほど、モチベーションアップへの相乗効果は絶大であった。

みんなでお互いを明るく楽しませ合い、笑って過ごすことができれば、知らず識らずのうちに、仲間が増え、ますます「やる気」があふれて止まらなくなる。

それこそ笑いが止まらない話ではないだろうか。

自分の力だけで成功したなどと豪語している輩は、驕《おご》り以外の何ものでもない。

やはり人生は、どれだけの人に支援してもらえるかが成功の鍵を握っているのだ。

あなたの笑わせる行為こそが、あなたの応援団をより強力な味方にしていく。

より確かなのは、私が人を笑わせれば笑わせるほど、成功に次ぐ成功が訪れたという事実だ。

周囲を楽しませてきたおかげで、私はあらゆる営業コンテストに次々と入賞し、物凄いスピードで昇給・昇格を果たすことができた。大笑いしながら人生のステージが上がっていったのだ。そうして、その芸の道が、私の最も大切な仕事となっていったのである。

ではここであなたへ、ケンタッキーフライドチキンの創業者、カーネル・サンダースの名言を贈りたい。

> 他の人に一生懸命サービスする人が、最も利益を得る人物である
>
> ——ハーランド・デーヴィッド・サンダース

もちろんサービス精神とは笑わせることだけに限らないが、どうせ一生懸命サービスするなら、楽しいほうが喜んでもらえるではないか。

「楽しんでほしい」という、おもてなしのサービス精神なくして、自らが利益を得ることはあり得ない。それが大原則だ。

「自分だけ楽しければよい」ではなく、常に「他人をどれだけ楽しませるか」ということに気

を配っておくことである。

世界中の成功者たちを思い出してほしい。

彼らのほとんどはウイットにとんだユーモアに長け、いつもジョークを飛ばしている。余裕綽々《よゆうしゃくしゃく》のスマートな佇まいで、周囲の人々を笑いの花束で包んでくれる。

近年では、笑うメカニズムの研究が盛んで、笑うことが人体にさまざまないい影響と「やる気」を与えてくれることが、科学的に実証されている。

たとえば、次のような効果がある。

「緊張感」は、パフォーマンスを低下させ、私たちを疲弊させるが、笑うことで副交感神経が刺激され、緊張をほぐしリラックスできる。

「ストレス」は、私たちビジネスパーソンの心と身体を蝕むが、笑うことによるストレス解消効果は絶大である。

「心の病」は、今や日本人の流行り病であると言われているが、笑うことが何よりのセラピーになり、うつ病の防止にもなる。

「免疫力」の低下は、あらゆる病気を引き起こすが、笑うことで身体が活性化され免疫力がアップする。心臓の病気も予防できるし、血行を促進して胃腸の働きを高め、便秘も解消される。
さらには、お腹を抱えて大笑いすれば、腹筋も鍛えられ**「ダイエット」**の効果もある。

笑わせる効果とは、周囲の人々を健康で幸せにすることそのものなのである。
まさに、「笑い」とは百薬の長であり、笑って暮らしていればドクターなど用はない。毎日、笑顔で過ごすだけで心身共に健康でいられ、「やる気」満々の人生が送れる。

ではここであなたへ、イギリスの作家、ジョージ・エリオットの名言を贈っておこう。

しかめっ面をすれば、シワができますが、微笑めば、友達ができます

——ジョージ・エリオット

老化が著しいシワだらけのしかめっ面が、あなたの周囲から「やる気」のある人を遠ざけていると思ったほうがいい。

ご縁のあった人たちは、その場その場であなたを無意識に観察している。

モチベーションを下げられる相手に近づかないよう、かかわり合いを恐れているからだ。

だからあなたは、人々と接するときには、「自分は今、微笑んでいるだろうか」と常に意識してみることである。

シワだらけの「孤独フェイス」で寂しい思いを抱えながら生きていくのか、それとも「フォーユーの微笑み」を浮かべ、温かな友情を育みながら生きていくのか。

あなたはどちらの人生を選ぶのだろうか。

もちろん、後者だろう。

相手を笑わせる技術がないというのなら、まずは自分から微笑めばいいではないか。

自分から大声で笑いかけてみればいいではないか。

自分から腹を抱えて爆笑してみればいいではないか。

きっと、つられて目の前の相手も笑い出すに違いない。微笑みは伝染するのである。

ここで念のため、哲学者、ウィリアム・ジェームズのあまりにも有名な名言を贈っておきたい。

楽しいから笑うのではない。笑うから楽しいのだ

――ウィリアム・ジェームズ

たしかに、無理にでも笑っていれば、どんどん楽しい気持ちになってくるものだ。
それと同様に、無理して笑わせていれば、さらにどんどん楽しい気持ちになるのである。
私は必死になって人を笑わせてきたおかげで、どれだけの苦難を乗り越えることができたかわからない。

楽しいから笑わせるのではない。笑わせるから楽しいのだ。

06 やる気の神様は、いつも遅刻してやってくる

人の一生とは、あきらめに次ぐあきらめの連続である。

それはもうやるせないほどに、切なる願望が満たされることはほとんどない。たびたびその厳しい現実にぶつかっては跳ね返されるため、大抵の人はやる前からあきらめている。「あーあ、僕には、無理」「いやー、どうせ私には……」という捨て鉢な態度が癖になっているのだから、「やる気」など起きるわけもないだろう。

残念ながら、私が所属していた営業のプロフェッショナル部隊においても、青息吐息の「あきらめの達人」が右往左往していた。

彼らが奮闘する完全歩合給制の自己管理というのは、意外にも、自由な判断で「あきらめてもいいよ」という甘い世界でもあるのだ。

だから、目標達成意欲が淡泊な人たちは、簡単に悪魔のささやきを受け入れてしまう。そうして次々と淘汰されていくわけである。退職者が絶えない生保業界の「ターンオーバー問題」が解決しない理由がここにある。

ところが稀に、あきらめの悪い「やる気」満々の成功者がいるのもこの世界の特徴だ。**彼らに共通しているのは、執念深い粘り強さである。ターゲットを狙い定めたら最後、凄まじいばかりの「念い《おも》」で、それを手に入れてしまう。**やる気のない冷ややかな仲間からの「絶対無理だよ」という、ネガティブな妨害などどこ吹く風、一心不乱に願望を叶えていく。

彼らは絶体絶命の断崖絶壁に追い込まれれば追い込まれるほど、モチベーションが高まるのだ。圧倒的な「やる気」パワーを発揮し、大逆転の奇跡を起こしていくのである。

私は大昔からその状態を「奇跡の〝やる気ゾーン〞に入った」と言い続けている。淡泊な人たちが陥っている「もう無理かも、あきらめるしかない」というタイミングでは、そのゾーンに突入することはない。

どうやら、ゾーン体験者は、やる気ゾーンをあやつる神様が「遅刻魔」であるとい

うことを知っているらしいのだ。

だから、奇跡を起こす人たちは、しつこく努力し続けることができるのである。

私は、ジャーナリスト、竹村健一のこのユニークな言葉が好きだ。

九回裏二死満塁。三点負けている試合で、あなたに打順が回ってきた。さあ、どんな気持ちでバッターボックスに入る？　相手のピッチャーは『常識』という名の大男で、豪速球をビシビシ投げ込んでくる

——竹村健一

この言葉に触れるたび、私はいつも心構えを試されているという気持ちになり、ビシッと背筋が伸びる。どうかあなたも、「あきらめる」という常識を打ち破り、一発逆転サヨナラ満塁ホームランを放つ、不撓不屈《ふとうふくつ》のメンタリティーを持ってほしい。

土俵際に追い込まれてからのチャンスを「さあ、来い！」と楽しむのである。

心から手に入れたいターゲットは何なのか。それを楽しんで手に入れると決めることだ。

そして、言い訳無用、言い逃れ厳禁、正当化撲滅、と心に誓うのだ。

完璧な「背水の陣」を敷くこと。願望を明確にイメージし、それを掲げて可視化することはもちろん、四六時中、家族や仲間に宣言すること。常にアウトプットの嵐だ。

正しいターゲットさえ定まれば、そのための達成方法はいくらでもある。困難が立ちはだかることは想定内だ。解決方法は必ず見つかる。

私が外資系生保の支社長として、獅子奮迅《ししふんじん》の大躍進を遂げる象徴となったスローガンとは、**「ホップ・ステップ・ネギップ」**だった。

ネギップとは、ネバーギブアップの略。ホップ・ステップしたら、もう大きくジャンプしなくてもいい。それよりも「最後まであきらめるな」というメッセージである。

それを掲げるようになると、ゴール寸前、執念の駆け込みで、大きな目標を達成するような猛者がゴロゴロ現れるようになった。

やがて数多くのMDRT（Million Dollar Round Tableの略、トップ数%の生保営業が集う世界的な組織）を擁して10冠王のタイトルを獲得し、名実共に全国ナン

バーワンの支社へと成長を遂げることができたのだ。

彼らのおかげで、いまだかつて誰も成し遂げられなかった断トツの実績が並ぶ「やる気」満々の組織ができあがっていったのである。

ではここで、アメリカンフットボール・ヘッドコーチとして有名なヴィンス・ロンバルディのシンプルな言葉を贈っておきたい。

勝つ者はあきらめない。あきらめる者は勝てない

――ヴィンス・ロンバルディ

ビジネスの世界において「勝ち組」と「負け組」のクラス替えがおこなわれるということはめずらしい。アワードへの参加者は、いつもお決まりのメンバーばかりだし、いわゆるレギュラーと補欠が入れ替わることはめったにない。

いったいなぜ「あきらめない達成者」と「あきらめてしまう未達成者」に分かれてしまうの

だろうか。

その答えを突き詰めてみると、達成できないメンバーはいつも「達成しないことを決めている」という驚愕の真実にたどり着く。

「そんなバカな」と、あなたは思うかもしれない。驚くのも無理はない。

たしかに、表向きのポーズは目標に向かっているのかもしれないが、心の底では「ここまでやったら、あきらめよう」と、あきらめる理由をはじめから決めているのである。

「前半の2週間でダメだったら、コンテスト入賞はあきらめよう」

「ライバルのA君が達成をあきらめたら、僕も一緒にあきらめよう」

「年末までに成績が上がらなかったら、もうあきらめて辞めよう」

こうやって「あきらめる到達点」をはじめから決めているのだ。

すべてはシナリオ通りのお芝居なのだ。

「未達成」という願望に向かって、思い通りの結果がやってくるだけなのである。

その未達成地獄から解放される方法はただ一つ。

逃げ道をつくっている本心と正直に向き合い、それを認め、一切排除することだ。

そして希望を失わないことである。

ではここであなたへ、元ハーバード大学院教授、セオドア・レビットの名言を贈りたい。

どんなに雨雲が立ち込めていても、それを突き抜けて雲の上に出れば、無限の青空が広がっている

――セオドア・レビット

コミットメントが甘くなりがちなのは、自分の人生に対し絶望しているからである。

もっと自分の人生に希望を持ってほしい。

これからはもっと自分を信じてあげてもよいのではないのか。

「あきらめの麻薬」を打ち続けて楽になるのは、もうやめてほしい。あなたならもう、麻薬を断ち切ってもうまくやれるはずだ。

人生、上を向いて歩こうではないか。

Chapter 01

まとめ

- 大切なのは、いかにして「サボる」か
- サボれることは、自信の裏返し
- 悪循環を断ち切るには、俯瞰すること
- 〝自己陶酔型のがんばり屋〟になってはいけない
- あなたのがんばりは、生産性の高い努力か?
- 人生大逆転の解釈が〝やる気のもと〟になる
- 問題は、環境でもなければ才能でもない。取り組み方である
- 人を楽しませると、自らの「やる気ホルモン」が活性化する
- 逃げ道を一切排除する

Chapter 02

ライバルの一歩先を行く「パフォーマンス」を維持するコツ

07
眠る前のポジティブな瞑想が、明日のやる気をつくる

「やる気」エネルギーをフル充電する時間、それが睡眠である。

労働の疲れを癒やし、モチベーションの下がるネガティブな記憶を消去して、素敵な思い出だけを記憶のフォルダーに、上書き保存してくれる。

そうして一日を確実にリセットしていく。

あなたの「やる気」を育むための、なくてはならない大切な時間である。

たったひと晩で絶望は希望へと姿を変え、みなぎる「やる気」パワーに満ちあふれた私たちは、「ううおぉー、今日もやるぞー！」と叫びたくなる衝動を抑えつつ布団を蹴り上げ、ベッドから飛び起きるのだ。

フル充電完了のランプが灯り、深い眠りから目覚めたその瞬間、私たちは生き返るのである。

さて、あなたは毎朝、どのように生き返っているのだろうか。

もしかすると、悪夢にうなされて疲れが取れず、接着剤で貼り付いたように、まぶたが開いてくれないのではないだろうか。

ベッドの温もりが恋しくて、「会社に行きたくない」というマインドで、二度寝の誘惑と戦う朝を迎えているのではないだろうか。

なんとかあくびを噛み殺して起き上がってはみたものの、「はあー、きっと今日もいいことないよ」と、朝からため息をついているのではないだろうか。

なるほど。充電エネルギー完了どころか、すでに一日のスタートから電池切れで、脱力感たっぷりな毎日を過ごしている人もめずらしくないようだ。

どうして前向きな気持ちにリセットされないのか。

どうして充電器がプラスに作動しないのか。

どうして生き返ることができないのか。


その原因は、眠る直前の「マイナス思考」にある。

眠る前のマイナス思考があなたの不幸をつくっているのだから、その思考を改善することさえできれば、明日のあなたは華麗なる変身を遂げているはずだ。

マイナスな出来事によって、刷り込まれたあなたへのネガティブワードも、目覚めた朝にはオートマチックにポジティブワードへと置換されているのである。

ここであなたへ、作家、中谷彰宏の名言中の名言を贈っておきたい。

バラ色のサングラスをかけると、人生がバラ色になる

——中谷彰宏

世の中の見方を変えるために、まずはあなたが今かけている「暗黒のサングラス」を外すことである。

そもそも夜は暗いのだ。暗闇でサングラスをかけてどうするのか。

少なくとも眠る前には心のサングラスは外してほしい。

部屋は暗くしても、あなたの心まで暗くしてはならない。

そう、あなたの見る夢は、バラ色でいいのだ。
私は周囲の人たちからよく言われるフレーズがある。
「早川さんはなぜ、いつも朝からそんなにやる気満々でパワフルなんですか？」と。
じつは私、眠る前のマインドをコントロールしている。
そのおかげで、冒頭のような「やる気」に満ちた朝を迎えることができているのだ。
眠る前のポジティブな瞑想が「やる気満々な明日」をつくり出してきたのである。
ここであなたにも、**「バラ色マインドコントロール」**の方法を伝授したい。

まずは、テレビを消してほしい。
音楽も止めてほしい。
ゲームも手放してほしい。
パソコンも切ってほしい。
マンガ本も閉じてほしい。
今宵は静かな寝室で瞑想など、いかがだろうか。

電気を消して布団に入ったら、眠れぬ夜に羊を百匹数えるかのように、人間を一人ひとり数えてほしい。

目をつぶり、あなたの好きな人、大切な人、尊敬する人の顔を一人ひとり想像してほしいのだ。

愛する人を百人数えてみる夜があってもいいだろう。

誰を選ぶかにあたっては何の理屈もいらない。

あなたが無条件で、心地よくなる人の笑顔を思い浮かべてほしいのである。

40年前の恩師にまで遡《さかのぼ》って思い出すこともあるかもしれない。

すでに亡くなってしまった人でもかまわない。

限られた少人数の愛する家族・親戚・親友だけを繰り返し思い描いていくのもいい。

もしも瞑想の途中で、嫌いな人や憎たらしい人の邪悪な顔が割り込んできたり、別の思考に惑わされてしまったら、もう一度はじめからやり直しである。

満面の笑みの人たちのおかげで今のあなたがいて、その人たちのために、あなたは何ができるのか、シンプルにそれだけを考えて眠りにつくのだ。

みんなに幸せな明日がやってくることを祈りながら。

私は、ソフトバンク創業者、孫正義のこの言葉が好きだ。

自分一人の命のことで何をくよくよしているんだ

――孫正義

その通りだ、悩みの大小はあれども、所詮、自分一人のことである。よくよく考えてみれば、それはあまりにも小さすぎる悩みではないか。

くよくよ感が止まらない夜は、人々への感謝や貢献を忘れているときだ。

利己的な心のベクトルを、インサイドアウトへ修正するためにも、先に紹介した「感謝と貢献の瞑想」をお薦めしたい。

油断をしていると、すぐに自分のことでくよくよと悩み始めてしまうあなたのマインドを、せめて一日の終わりくらいは、「利己」から「利他」へと切り換えてほしい。

そのようにして、ぐっすりと眠れば眠るほど、あなたのやる気エネルギーは、自然にフル充電されていくのだ。

ダメ押しは、漫画家、赤塚不二夫のこの有名なフレーズである。

これでいいのだ

――赤塚不二夫

一日の最後に「おやすみなさい」の代わりに口に出し、マインドを整えるために使うならば「これでいいのだ」に限る。

もうすべて〝終わったこと〟なのである。

すべてをひと言で肯定してしまうこの魔法の言葉は、これからのあなたを幾度も救ってくれることになるだろう。

究極の肯定ワードである。

家族への愛ある行動が、自らのやる気をアップさせる 08

あまりにも一途にビジネスへと邁進するあまり、家族を顧みることができず、それが原因で家庭生活が崩壊し、結局、仕事でもプライベートでも「やる気」を失うケースがあると聞く。

たしかに、仕事と家庭の両立というのは、ビジネスパーソンにとって永遠のテーマであると言っていいだろう。だからといって、仕事のために愛する家族が不幸になるのは、あまりにも本末転倒な話だ。

本当に守るべき大切な存在とは、いったい誰なのだろうか。

会社へ忠誠を尽くすことだけが、ビジネスパーソンの使命ではあるまい。

仕事以上に「やる気」満々で家族を守ることが最大の使命なのではないのか。

職場でのあなた以上の笑顔とマメなサービス精神を持って、家族と接するべきだろう。

真の愛情や深い思いやりは、心の中で思っているだけでは伝わらないものだ。超濃密なコミュニケーションと、それに伴う「愛の実践」が必要であることは言うまでもない。

たとえば、超多忙な仕事人間の私であっても、必ず結婚記念日には花を贈り、夫婦二人だけの熱い時間を過ごしてきた。

3人の娘それぞれの誕生日にはノー残業デーにして、デコレーションケーキを買って帰り、率先して「ハッピーバースデートゥーユー」と歌った。

入学式・卒業式や授業参観日には、前もって仕事はオフにしておき、積極的に参加した。

運動会にはひたすらビデオカメラを回し続け、大声で声援を送り続けた。

休日には、定期的にドライブやディズニーランドへ出かけ、席取りやチケットの手配などマメに動き回った。

夏季休暇やゴールデンウィークには、海外旅行や温泉旅行の計画を立て、楽しい家族の思い出をつくった。

家族一人ひとりに優しく声をかけ、悩みを聴いてあげる機会もつくった。

このように、私は子どもたちが小さかった頃、この最低限の家族サービスを怠ったことは一度もないと誓って言える。

このような家族第一主義を積み重ねることで、家庭内は平穏な幸福感に包まれ、それが私自身に何よりの「やる気」を与えてくれたのだ。

簡単なことのようだが、徹底して実行し続けるとなると、実際は難しいものである。

ではここであなたへ、心理学者、フロムの名言を贈っておきたい。

誰かを愛するということは、たんなる激しい感情ではない。
それは決意であり、決断であり、約束である

——エーリッヒ・ゼーリヒマン・フロム

これまた、背筋が伸びる言葉だ。「愛する」とは甘っちょろいものではないようである。

ビジネスと家庭サービスは、不思議なくらいお互いに影響し合っている。

仕事を言い訳に家庭を犠牲にするなど、ビジネスパーソンとしても一人の人間としても、決して犯してはならない暴挙なのだ。

家庭内の「おもてなし」なくして、ビジネスパーソンとして成功することはあり得ない。

家族への愛を行動に移せない人間が、職場の仲間やお客様・取引先へ人間愛を持って接することができるわけがないだろう。

あなたの嘘は、すべての人に見抜かれていると思ったほうがいい。あなたがあなたである限り、それは避けて通れないのである。

だからといって、小手先の家族サービスだけでは、決して幸せになることはできない。

また、逆に家庭をスケープゴートにして、仕事を蔑《ないがし》ろにするなど論外である。

たとえば、偽者の育メン。

彼らの化けの皮を剥がせば、怠け者の素顔を拝むことができる。

家庭逃避型の怠け者も失格、家庭犠牲型の働き者もまた、人間失格である。

そもそもあなたは、大きな勘違いをしていないだろうか。

家庭に給与を運んでくるあなたが、「一番偉いんだ」という高慢な勘違いである。残念ながらそれでは、家族からは尊敬されないどころか軽蔑され、家庭内で孤立していくだけだ。

一家の大黒柱として偉そうに説教をのたまうその張本人が、愚痴っぽくて後ろ向き、約束を守らない、自分勝手、不公平で不健全、道徳観もない、傲慢な態度、信念がない生き方、というように家族からは最低な人間としてのラベルを貼られている。

ビジネスの上では、なんとか人格者を装っているのに、家庭に帰った途端に〝人間のクズ〟に変貌してしまうのだ。

言っておくが、家庭内の寛《くつろ》ぎとは、だらしのない人間性を暴露する場ではない。

家庭とはむしろ高潔な人間性を育てるところなのである。

家の中だからといって、自己中心的な振る舞いやわがまま放題な態度では、家族は誰もついてこない。

結果、家庭問題は絶えることなく続くだろう。

行く末に待っているのは、破綻である。

私は、小説家、森鷗外のこの名言が好きだ。

苦難が大きすぎて自分ひとりの力で支え切れない場合には、家族から身を隠して一人で泣きなさい。そして苦悩を涙とともに洗い流したら、頭をあげて胸を張り、家族を激励するために家に戻りなさい

——森鷗外

この名言は、何度読み返してもしびれる。何よりも、この生き様に感動する。

千人の会社をまとめるのも、百人の部をまとめるのも、十人の課をまとめるのも、少人数の家族をまとめるのも、すべては同様に組織経営であると言っていい。

「株式会社○○家」という家庭の経営者であるあなたにとって、今まさに、インテグリティ（高潔さ）が求められている。

あなたの人生を豊かにするためには、家族から尊敬される人間力が不可欠だ。

これからは家族の見本となる態度を貫くことだ。早寝早起きなどの生活態度をはじめとして、

自分で自分が尊敬できるような行動を常に心がけなければならない。あなたの「やる気」に満ちた健全な生き方が、家庭を幸福に導き、仕事を発展させ、人生を繁栄させるのである。

ここであなたへ、作家、生田長江《ちょうこう》の名言を贈っておくことにしよう。

自分の前に敵がいっぱい現れたときは振り返ってみよ。味方がいっぱいいるものだ

――生田長江

いざとなれば、最後に頼れるのは身内である。堂々と敵と戦って切羽詰まったとき、振り返れば、あなたの大切な家族が味方になってくれるはずだ。

これほど心の支えになることがあるだろうか。家族から尊敬されているならば、他人からはもっと尊敬されることになる。とすると、敵に囲まれて振り返ったとき、おそらくは家族のような味方が、束になってあなたを守ってくれることになるに違いない。

その心強さと安心感が、「やる気」の源泉になるのである。

09
目の前のゴミを拾い上げると、やる気も上がる

「どうしてもやる気が出ないんです」と嘆くビジネスパーソンがいる。そういう輩に出会うたびに私は、「君の『やる気』とは、いったい何だ？」と疑問に思う。

「やる気が出ない」と言っておけば、まるで自分のせいではないように聞こえる。本当に便利な言葉だ。まるで見えないものの力、たとえば「バイオリズムが悪いから」というような無責任さを感じてしまう。原因を追求しない狡《ずる》さと言ってもいい。

おそらく一生涯、モチベーションは上がらないのだろう。死ぬまでスランプである。

優秀なビジネスパーソンの口から、やる気が「ある、ない」という表現など、めったに耳にすることはないものだ。

彼らはよく「モチベーションで仕事しているわけではありません」と言う。だから

いつも調子の波がなく、ブレない。

ときとして人間ならば、成果が出ない、気持ちが乗らない、悪循環に陥る、という不調の波は、必ずやって来る。

しかし、それには必ず理由があるのであって、「やる気」そのものが理由なのではない。原因はすべて、あなたにある。とすれば、絶対に解決の糸口はあるはずだ。不調のトンネルには、すぐに脱出できる出口がある。ただ、その出口を見ようとしていないだけだ。

だからもう、これから先は「やる気がない」という言葉は禁句にするべきだ。

ではここであなたへ、哲学者、ルソーの名言を贈りたい。

生きるとは呼吸することではない。行動することだ

——ジャン＝ジャック・ルソー

じっと呼吸しているだけで「やる気」が湧いてくることはない。そもそも「行動しない」と

いう成り行き任せで、現状が改善されるほど人生は甘くはないのだ。

「やる気」とは、行動する人だけに湧きあがってくるものだ。

目の前の問題をそのままにしておけば解決されないことはもちろんのこと、ますますのっぴきならない事態へと発展していく。それがさらに「やる気」を下げるもとになるのである。

「やる気」のない彼らは基本的に自ら行動しようとせず、常に他力本願だ。

ではいったい、誰が「やる気」を上げてくれるのか。それは、親なのか、上司なのか、それとも神様なのか。いや、それは誰でもない。誰かに救ってほしいという他力本願では、「やる気」は上がらない。〝他力本願寺〟には神も仏もないのである。

だからまず、あなたがやるのだ。

あなたが勇気を持って動き出すのである。ほんの1ミリでもいい、わずか1センチでもいい。あなたが行動することで、あなたの人生に「やる気」が充満するのだと信じてほしい。決して、自らの人生を傍観する「やる気のない人」になってはいけない。

勝手に難解だと決めつけている問題解決、困難だと思い込んでいる不振脱出、遥かかなた高いところに感じている目標達成、それらを成すためのすべてのヒントは、じつはあなたの足元に落ちている。**ほら、そこに、すぐそこに落ちている。**

たとえば、そう、あなたの目の前にゴミは落ちていないだろうか。もう一度初心に返り、そのゴミを拾い上げる汚れなき純潔さが必要なのかもしれない。

あなたの知識は古くなっていないだろうか。もう一度初心に返り、猛勉強が必要なときなのかもしれない。

あなたのスキルは錆びついていないだろうか。もう一度初心に返り、ロールプレイが必要なときなのかもしれない。

あなたの活動量は落ちているのではないだろうか。もう一度初心に返り、データを分析して正確な振り返りが必要なときなのかもしれない。

あなたのメンタルは後ろ向きになっているのではないだろうか。もう一度初心に返り、将来の夢に向かって、ブレない信念の再構築が必要なときなのかもしれない。

「やる気が出ない」と遠くを見つめてため息をつく前に、すぐ近くの小さなほころびを見つけてほしい。そのうえで、最善を尽くし、一つひとつ改善を図っていくのである。心のスランプとは、あなた自身の慢心なのだから。

私は、釈迦のこの言葉が好きだ。

善をなすのを急ぎなさい。善をなすのにのろのろしていたら、心は悪を楽しむようになります

——ゴータマ・シッダールタ＝釈迦

まず目の前に落ちているゴミ拾いから、善の行動を実践してみてはどうだろうか。

私からのその提言に対し、あなたはこう言って猛反発するかもしれない。

「なぜ、他人が捨てたゴミを私が拾わねばならないのか」

「いくら拾ったってムダだ。どうせまたゴミは落ちる」

「汚いゴミ掃除は清掃員の仕事だ」

などと、拾わない正当性を主張するはずだ。

しかし、こう解釈してみてはどうだろうか。

あなたが拾うのはゴミではない。「やる気」を拾うのだ、と。

善の行為は、確実に私たちの「やる気」を育んでくれるが、邪悪な行為は、確実に私たちの「やる気」を蝕んでいくものだ。

街中でポイポイと平気でゴミを捨てている人、歩きタバコの吸い殻を道路に捨てている人、ペットボトルを車の窓から投げ捨てている人、その人たちは、かわいそうに自分の一番大切な「やる気」を捨てているのと同じなのだ。すでに人生に投げやりな人に違いない。

一方で、私は落ちているゴミを拾える人を見ていると、「あっ、あの人はまた『やる気』を拾ったな」と感動する。

あなたも小さな第一歩を踏み出し、実際にゴミを拾ってみれば、純粋に心が清々しい気分になり、そんな自分に感動することができるだろう。

そう、その小さな感動とともに「やる気」は湧き上がるのである。

ここであなたへ、共和政ローマ期の政治家、カトーの名言を贈っておきたい。

私は不正をおこなって、罪とならないよりも、善をなし、感謝されないほうがよい

——マルクス・ポルキウス・カトー・ウティケンシス

「悪」が心の弱さであるなら「善」は心の強さ、すなわち、逃げ隠れもせず、見返りも求めない本物の「やる気」である。

足下に落ちている「一日一善」が、あなたの「やる気」を少しずつ上げていくことを忘れないでほしい。

やる気があるから早起きなのではない、「朝早く起きるからやる気になる」のだ

10

今だから言えるが、恥ずかしながら、不摂生な生活が当たり前だった若かりし頃の私は、朝寝坊するために、大学の授業をいかにサボるのかにとらわれて生きていた。

若手営業マンだった時代には、深酒した翌朝は「直行」と称してベッドの中で爆睡、ということもしばしばであった。

決して「やる気」がなかったわけではないのだが、とにかく早起きが苦手だった。

あまりにも苦しい格闘の連続に、「もう朝なんて来ないほうがいい」とまで思っていた。

あきれたマイナス思考である。

それが原因で、「やる気」のループは上昇と下降を繰り返し、なかなか安定することがなかったのである。

このように、二度寝の誘惑に勝てず悶々としていた若き時代、明らかにそれまでは「受け身の人生」だった。

「起きなければいけない」と、毎朝嫌々ベッドから這い起きて一日がスタート。

そうして日々、さまざまなアクシデントに振り回され、疲れて眠り、そしてまた起きて……と、その繰り返しであった。


それが今ではすっかり、朝イチから「やる気」満々の、早起き体質に進化している。

果たして私は、「やる気」が上がったから早起きになったのであろうか。

いや、それは違う。

じつは、先に早起きの習慣に変えていったからこそ、私の「やる気」は上がっていったのである。目覚める時間がどんどん早まり、私が早起きすればするほど、それに比例して、私の「やる気」は高まっていったことに間違いはない。

「自分の意思で早起きしよう」と決めた途端、自らの行動を主体的にコントロールできるようになった。人生のイニシアティブを握れるようになっていったのである。

ではここであなたへ、潜在意識の大家、マーフィーの名言を贈っておきたい。

あなたの運命を決めるのは、あなたの心に張られた帆であって、風ではありません

――ジョセフ・マーフィー

朝になって、早起きの帆を高々と上げれば、人生に「やる気の風」が吹く。追い風が吹くのを待っている受け身の毎日では、いつまで経っても「やる気」が背中を押してくれることはない。

「寝ておかなければもったいない」というような睡眠への執着をなくし、反対に「寝ていたらもったいない」という前向き解釈に変えてほしいものだ。

もしかすると、生まれながらの低血圧体質によって、どうしても早起きが不得意という人もいるのかもしれない。そんな人には、簡単な早起きの極意を伝えておきたい。

その極意とは「早寝」である。

当たり前過ぎる、と笑い飛ばすことなく、早寝早起きを実行することのできる人だけが、「やる気」を継続させることができる。

成功の法則とは、すべてシンプルなものばかりなのだ。

これからはもう、自分にとって本当に重要で意味のある会合でない限り、飲み会など夜の誘いは断ることだ。どうしても断れない接待やイベント以外は、何があっても敬遠することである。たとえどれだけ、付き合いの悪い奴と罵《ののし》られようとも、である。

前述したように、眠る前の心構えを前向きに正し、しっかりと7時間以上熟睡すること。そして翌朝は、自らの意思によって、やる気の帆を上げるのだ。

すべてはあなたの選択次第なのだが、早寝早起きならば、健康にいいことはもちろん、朝は「やる気」満々に仕事や勉強がサクサク捗《はかど》るし、いい戦略やアイデアも湧きやすい。

早朝は、脳が冴えに冴えまくるゴールデンタイムとなるのだ。

私がこの二十数年間の生保ビジネスで成功し、毎年数千万円以上の報酬を得ることができたのは、まさに早起きのおかげであると断言できる。

「早起きは三文の徳」ならぬ「早起きは3億円の得」なのである。

ではここで朝の苦手なあなたへ、江戸時代の学者、貝原益軒の名言を贈りたい。

朝早く起きるは、家の栄えるしるしなり、遅く起きるは、家の衰える基なり

——貝原益軒

あなただけの問題ではない。あなたの起きる時間によって、家族の未来が左右されてしまうとは、これはもう大変なことである。うかうか寝ていられるはずもない。

私の場合、自らを「モーニング大使」と命名し、毎朝、ある特命を遂行している。

我が家には、３人の娘がいるが、残念ながら3姉妹ともにまだまだ未熟者である。

当然、寝起きがすこぶる悪い。

鳴り響く目覚まし時計の騒音も、彼女らにとっては子守歌に聞こえるらしく、我が家の「モーニング娘。」はピクリともしない。

そこで、モーニング大使である私は、娘一人ひとりの部屋へ「ワッハッハッハッー」と豪快に笑いながら入っていき、カーテンを思いきり開け放って、日の光を室内へと招き入れる。そして「さあ、今日も一日、いいことがあるよー」「よし、今日も最高の一日になるぞー」という前向きなフレーズを元気いっぱいに連呼するのである。

じつはこの行為、目的は娘たちを起こすことにありながら、何よりも、起こしている私自身の「やる気」が上がる。自分の言葉で自分自身が励まされていくのだ。

朝一番、家族へ向かってポジティブな言葉を投げかけるだけで、一日のスタートはもちろんのこと、最高の気分で年がら年中「やる気」を持続できるのである。

職場の仲間も家族同様である。かつて私が生命保険会社の品川支社長を務めていたとき、月曜日のマネジャー会議を早朝6時半から開催していたことがある。

私はコンビニでおにぎりを購入して会議に臨み、皆で朝食を摂りながら徹底的に意見を出し合ってもらった。すると、その早朝会議において、奇跡が起きた。

革新的な採用手法が発案され、その戦術が大成功に至ったのである。

早朝会議のおかげで、赴任前は弱小だった私の支社が、ハワイコンベンションで社内表彰されるほどに急成長を遂げたのだから、まさに「早起き=やる気」の効能とは凄まじい。

私はそのとき、部下たちに向かって叫んだ。「早起きの神様が舞い降りた！」と。

私は、社会心理学者、ファーガソンのこの名言が好きだ。

我々一人ひとりが『変化の扉』の門番。
その扉は、内側からだけ開けられる

——マリリン・ファーガソン

変化の扉、すなわち、習慣を変えるためには、自らが主体的に動き出さなければならない。

まずは、一日のスタート、あなたの自宅の玄関の扉は、何時に誰が開けるのだろうか。会社の始業時間ぎりぎりに間に合うよう逆算し、追い立てられるように慌てて扉を開けているようでは、いつまで経ってもあなたの「やる気」がアップすることはないだろう。

一日も早く寝ている門番を叩き起こし、朝型の生活習慣に切り替えることをオススメしたい。

11

やる気パーソンを徹底的に模倣せよ

「やる気」を失っている人に共通しているパーソナリティ、それは頑固である。

自分のやり方や生き方を、なかなか変えることができない。

自分なりに勉強し、自分なりに働き、意地でもそれらを継続する。

しかし、行きづまった現状を突破できないイライラのあげくに、ふて腐れ、結局は「やる気」を失ってしまうのだ。


そう、彼らは〝意地っ張り〟と〝がんばり〟をはき違えているのである。

よかれと思い、私がどんなにアドバイスをしても、聞いているポーズだけで馬耳東風《ばじとうふう》。行動はまったく変化しない。出口の見えないその苦しみが、彼らの「やる気」をさらに下げていることにも気づいてはくれない。

一刻も早く、頭の中にインストールしてしまった「頑固バージョン」のソフトをアンインストールしなければ、一向に「やる気」が上がることはないのだ。

ではここで頑なあなたへ、哲学者、モンテーニュの名言を贈りたい。

自分がわずかなことしか知らないということを知るためには、多くのことを知る必要がある

——ミシェル・エケム・ド・モンテーニュ

自分一人の知識や技術など、たかが知れているのだと、思い知ることである。

素直な気持ちでもっと他の人から学ぼうとか、謙虚な気持ちで他の人のやり方を真似てみようとか、常にそのスタンスを貫くことが「やる気」を高めるセオリーだ。

ときに、私がマイクを握る講演会の質疑応答コーナーにて、**「成功できないタイプはどんな人ですか？」**と聞かれることがある。

生保業界で何千人ものプロフェッショナルたちと関わってきた私には、その答えに確信があるため、質問に対しては次のように即答する。

それは、「ネガティブな頑固者」であると。

彼らは、どんなに頭がよくて、どんなに弁の立つビジネスパーソンであったとしても、いい成果を出し続けることはできなかった。

ネガティブな頑固者は頭でっかちなために、理屈が先行してしまうからだ。

他人のやることの揚げ足を取っては批評を繰り返すばかり。新たなアクションへと踏み出すことができない。そうして新しい時代から取り残されていくのだ。

「やる気」アップは理屈ではない。「真似る感性」と「実行力」なのである。

一方で、最も多く質問されるのは、**「成功できるタイプはどんな人ですか？」**である。

その答えも決まっている。

ズバリ、**「素直な情熱家」**であると、私はまた即答する。

「素直」というのは単に従順という意味ではなく、肯定的な思考を差し示す。

あなたの周りにも「やる気」にあふれた、素直な情熱家がたくさんいるはず。

あなたの「やる気」を上げたいと思うなら、素直に何でも取り入れてみようという「やる気」満々の情熱家と親しく付き合うに限る。

そして同時に、彼らをモデリングして演じ切ること。徹底して、模倣することだ。

成功している素直な情熱家を崇拝し、いい意味でのストーカーになるのである。

成功者の「やる気エネルギー」をあなたのバッテリーに充電するつもりで、許す限りの時間を共に過ごし、あらゆる角度から模倣することをオススメしたい。

もしも一緒に働く機会に恵まれたなら、身だしなみ、服装の趣味、しぐさ、言葉遣い、マナー、気遣い、挨拶の仕方など日常の言動をよく観察し、一挙手一投足を真似してほしい。ぴったりと張り付き、徹頭徹尾《てっとうてつび》食らいついていくのである。

ランチタイムでは同じメニューをオーダーし、共に舌鼓を打つのもいいだろう。趣味・スポーツ・ボランティアなど、共通の活動ができたら最高だ。

時間を共にできない遠い存在であるなら、あなたの想像の世界でもかまわない。

「あの人だったら、この場面で何をするだろうか」

「あの人だったら、この人に対して何と言うだろうか」

このように、「やる気満々なあの人」を判断基準にして言動を決めていくという手もある。モチベーションの安定しないあなたの基準で決めるのではなく、「やる気の上がる基準」を目安にして生活するのである。

はじめはフェイクでもかまわない。模倣を心がけて行動に移すことができれば、未来のあなたは「やる気満々の情熱家」に変身していくだろう。

上手に真似れば真似るほど、あなたの「やる気」は劇的に上昇するはずだ。

「これではまるで自分が自分でないようだ」

「人の真似ばかりではせっかくの個性が死んでしまう」

「もっと自分らしくあるがままに生きたい」

と反論もあるかもしれない。

しかし、自分らしくとはいったい何だろうか。

ではここであなたへ、イギリスの銀行家・政治家として著名であったジョン・ラボックの名言を贈っておきたい。

他人と比較して、他人が自分より優れていたとしても、それは恥ではない。しかし、去年の自分より今年の自分が優れていないのは、立派な恥だ

——ジョン・ラボック

自分らしく、進歩のない人生を生きるのもいいだろう。一生今の自分のままでよいのなら、どうぞあなたのお気に召すままに、である。

どれだけ頑固一徹に生きようと、それはあなたの自由だ。私は何も困らない。

しかし、「やる気アップのモデリング活動」を徹底していけば気づくはずだ。

いかに自分の殻に閉じこもり、成長のないデフレの人生を生きているかということに、聡明なるあなたなら気づくに違いない。

これからは、「認めたくない」という負け惜しみの気持ちを素直に認め、「やる気のある他人」と「やる気のない自分」を共に受け入れることである。

私は、俳優、ジャッキー・チェンのこの言葉が好きだ。

僕はブルース・リーが好きなんだ。でも、僕には僕のスタイルがある

――ジャッキー・チェン

この言葉は見事というしかない。

時代を超えて映画史に名を刻み、世界的なアクションスターとして肩を並べる両雄。ブルース・リーを敬愛してやまず、師への模倣を遥かに超えたジャッキー・チェンの自分らしさに、私は感動を抑えきれない。

あなたも、憧れのあの人の完全なるコピペが終わったら、次に大切なのは〝僕には僕のスタイル〟である。

オリジナリティにこだわって、それを追求するのは悪いことではない。

むしろ、そこから発展的に進歩する独自性が大事であることは言うまでもない。

オリジナルを超えるオリジナリティの追求こそが、本当の「やる気」を生み出すのである。

12

ダイエットには、心の「怠慢脂肪」を消費させる効果がある

速攻であなたの「やる気」を動かすには、カラダを動かすに限る。

デスクにかじりついているだけでは、脂肪過多になるだけでなく、〝心の澱《おり》〟を洗い流すこともできない。たまった脂肪や心の澱の分だけ「やる気」は落ちていく。

なぜなら脂肪や澱とは、欲望や抑圧に屈したあなたの弱さそのものだからだ。

「やる気不足→運動不足→脂肪（ストレス）過多→やる気不足」という負のメタボスパイラル体質を改善しなければ、ビジネスパーソンとしての健康寿命にかかわる大問題となる。

たとえ体質的に太りにくいというあなたであっても、心の澱を洗い流し、「やる気」をアップさせるためには、カラダを動かす必要があるのではないだろうか。

だからといって、過度な運動は避けてほしい。無理をすれば怪我や病気の元凶になって「や

る気」を失うことになりかねない。長続きしないハードなスポーツを始める必要などないのだ。

何事も、ほどほどに習慣化できることが、カラダにも心にもいい影響を与えてくれる。

あくまでも三日坊主では終わらない適度な運動が「やる気」を動かしていくのである。

たとえば私が日頃からチャレンジしているのは、「階段を登る」という、簡単にできる運動だ。どうやら自力で一歩ずつ登るという行動は「やる気」が上昇することにつながるようなのだ。登れば登るほど、まるで神様が背中を押してくれるかのような力がみなぎるから不思議である。

私は、ノーベル平和賞の聖人、マザー・テレサのこの名言が好きだ。

> 神様は私たちに成功してほしいなんて思っていません。
> 挑戦することを望んでいるだけよ
>
> ――マザー・テレサ

私たちは挑戦することをあきらめたそのとき、神様から見捨てられてしまうのだろう。

そもそも日頃の小さなチャレンジに挑むことなく、大きなチャレンジを成功へ導くことなどできるわけがない。**大きな夢を成し遂げたいなら、まずは、心の怠慢脂肪を消費させるという小さな挑戦から動き始めたいものだ。**だから私は「階段派」なのだ。出勤時のオフィスビルでもめったにエレベーターは使わず、ひたすら階段を登る。ビルの5階に勤めていたときは、いい運動になっていたのだが、16階ともなると、少々ハードだ。

しかしながら、それも習慣化してしまえば、毎朝、気分爽快。ささやかな達成感から一日をスタートすることができる。その結果「やる気」も上昇していくのである。

ここであなたへ、ファッションデザイナー、ココ・シャネルの名言を贈りたい。

美しさは女性の『武器』であり、装いは『知恵』であり、謙虚さは『エレガント』である

——ココ・シャネル

心とカラダの健康状態は、見た目に表れる。

女性に限ったことではなく、ビジネスパーソンたるもの、外見の美しさはもとより、心のエレガントさを保ちたいものである。

心のバランスとは、栄養のバランスとイコールであると言えるだろう。運動とセットになる食生活の乱れもまた、「やる気マインド」を失う要因になる。

暴飲暴食を繰り返している人の人生は波乱万丈だ。たとえ、いっときは成功したとしても、「やる気」は上がったり下がったりを繰り返し、やがて落ちぶれていく。

連日連夜、快楽を追求し享楽《きょうらく》に溺れる生活は、決して豊かな人生とは言えない。身体を壊して病気にもなるし、散財が続けば計画的な生活設計もままならない。

いっときの気持ちの高揚に「やる気」が上がったのだと勘違いしてはならない。

この行為はある種の麻薬中毒である。

むしろ逆に、刻一刻と「やる気」が蝕まれていくのだと思ったほうがいい。

そこまで生活が乱れていない品行方正なあなたであっても、念のために、3食の栄養バランスが摂れた食生活をキープできているかどうか、ここで今一度、見直してほしい。もしかすると、ジャンクフードばかりの偏った食生活になっているのではないだろうか。

「やる気健康志向」の私の場合、一日のはじまりである朝ご飯の献立にはこだわっている。

ご飯は茶碗1杯だけ。野菜たっぷりの豆腐の味噌汁、百回かきまぜたナットウキナーゼいっぱいの納豆、焼き魚、卵料理、野菜料理、海藻類、梅干し、漬物、食後には、ヨーグルトとフルーツも欠かさない。仕上げは濃い緑茶だ。いわゆる和朝食のフルコースである。

このメニューを毎朝、腹七分目でゆっくりといただく。

昼食は超ヘルシー・カロリー控えめの手作り弁当持参で出勤する。

晩ご飯は、糖質制限ダイエットメニューである、バランスの取れたおかず数品だけ。

そして適度に休肝日を設けている。

おかげで、55歳になろうかという今となっても、人間ドックは「オールA」判定である。

あなたにとっては、今さら栄養管理を改善指導されたところで、当たり前すぎてつまらないと感じるかもしれない。しかし、自堕落な行動の心の底にあるのは、「自分自身を大切にしていない」という、人生に対する無責任さであることを知るべきだ。

もっともっと自分自身を大切にしてほしい。

いついかなるときでも、理想を捨てないことである。身も心も「こういう自分になりたい」

という理想に向かっているのか、それが「やる気」のベンチマークになる。

ではここであなたへ、軍人マッカーサーの名言を贈っておかなければなるまい。

人は年月を経るだけで老いるのではない。
理想を捨てることによって老いるのだ。
年月は肌にシワを刻むが、好奇心を捨てると魂にシワができる

——ダグラス・マッカーサー

理想を捨てたときから、人は老いていくのではないだろうか。

若々しい輝きが「やる気」を呼び起こし、そしてまた、「やる気」の魂が瑞々しい若さを醸《かも》し出してくれるのである。

理想のダイエットは人生の縮図である。

13

やる気が落ちたら神社へ行け

どうにもならないことは、もうどうにもならない。

あなたが万策手を尽くしたのなら、パニックになってジタバタしても仕方がない。

どうにもならない崖っぷちに追い詰められ、絶体絶命の大ピンチに心が折れそうになったときは、もはや深刻に対策を検討したところで、あなたの「やる気」は落ちていくだけだ。

「真剣」なのはわかるが、「深刻」になってはいけない。

ここは、いい意味で開き直るのも手だ。人事を尽くしたのなら、やはりあとは天命を待ち、ひたすら祈るしかないのだ。

言っておくが、私は無宗教の人間であって特定の宗派団体に属したこともなければ、基本的に霊感やらパワーなんとかやらは信じていない。

とはいえ、運の力は信じている。

運命は自らの行動で切り開けることを実体験から学んできたからだ。

では特別にここで、私流の「やる気」が上がるおまじないをそっと伝授しておきたい。

神頼みの境地に達したそんなときは、素直にそのまま神社へ行き、樹齢数百年の大木を抱きしめてほしい。

恥ずかしながら私も、ときには大木を抱きしめるためだけに、誰もいない早朝の神社へ行くことがある。

不思議なものだ。大きな安心感で包まれるとはこのことである。これほど気持ちが落ち着くことが他にあるだろうか。

私は大木を抱いて悠久《ゆうきゅう》の歴史に思いを馳せる。地球上の何十万年のときの流れを思うとき、自分の悩みなどは所詮、小さな出来事であると、肩の力が抜けるのだ。自分という存在のあまりの小ささに「ジタバタしても仕方がない」という気にさせられるものである。

ではここで、あなたが大木を抱きしめている場面をリアルに想像しながら、世界一の投資家、ウォーレン・バフェットの名言を噛みしめてほしい。

今日誰かが木陰で休むことができるのは、遠い昔、誰かが木を植えてくれたからなのです

――ウォーレン・バフェット

恵まれた今のあなたのために、どれだけの人が木を植えてくれたのだろうか。また、あなたが植えた木のおかげで、どれだけの人々が木陰で休めるのだろうか。

先人への感謝の気持ちを忘れず、単なる目先の結果だけに一喜一憂しないと決め、現実を憂うことなくすべての心配事に整理をつけてほしい。

どうにも取り戻せない過去に思いを向けることはやめるべきだ。もっと言えば、まだやってこない未来の心配をしても意味がないのだから、それもまたやめにしたい。

今の現実だけに目を向ける。今ここに生きるのである。

それでもついつい先のことが心配になってしまうようなら、もっとずっとずっと先のこと、

そう、5000年後の未来を想像してみれば、きっと楽になれるだろう。
「やる気」を取り戻せるに違いない。
たとえば、私が「やる気」になる妄想（持論）は次の通りだ。

・人はもはや、食物から栄養を補給しなくても、植物のように「日光」と「水分」だけで生きられるようになる
・エネルギーは「太陽光」のみで、世界中のあらゆるシステムが稼働できるようになる
・人は自由に空を飛び回り、電波のように「瞬間移動」が可能になる
・精巧な自動翻訳機によって「世界中の言語は統一」され、どんな人種同士であっても会話ができ、テレパシーでもコミュニケーションがとれるようになる
・がんや不治の病と言われていた病気は、風邪薬のようなサプリメントですぐ完治するようになり、平均寿命は「300歳」を超える
・家やビルは空中での「浮遊建設」が可能になるため、地上の住居はなくなり、地震の心配も被害も皆無となる

・体温調節を適温に保持できる「特殊電子繊維」により、自由自在にファッションを楽しめ、着替える必要もなくなる

・労働者はすべて、ハイスペックな人工知能が搭載された「サイボーグ」となり、人間は働く必要がなくなる

・「通貨という概念」もなくなり、人は生まれてから死ぬまで、お金の心配がなくなる

・争い事や戦争を起こしていた私たちの時代の人間は、歴史上、北京原人やネアンデルタール人と並べられ、人類進化途上のホモ・サピエンスの一種とされてしまう。そうやって、「未来人」は世界平和を愛する〝人格者〟となっていく

こんなことを想像しながら樹齢数百年の大木を抱きしめれば、悩みなど未来の彼方へと飛んで行ってしまうのではないだろうか。

私たち人類はまだ成長途上の愚か者なのだ。

だから、うまくいかないのは当たり前。失敗して当然なのである。

目先のちっぽけなことで「やる気」を落としている場合ではないだろう。

ではここであなたへ、詩人、ヴィクトル・ユーゴーの名言を贈りたい。

『未来』は、いくつもの名前を持っている。弱き者には『不可能』という名。卑怯者には『わからない（不可知）』という名。そして勇者と哲人には『理想』という名、である

――ヴィクトル・ユーゴー

あなたは未来に、どんな名前を付けるのだろうか。

さて、話を神社に戻そう。

神頼みといえば、伊勢神宮をはじめとする全国各地のパワースポット巡りが人気らしい。

私はとくに神社仏閣に造詣が深いというわけではないのだが、それなりの蘊蓄《うんちく》を持っている。

なぜなら大学生時代に「鎌倉を愛する会」というサークルに所属していたからだ。

トータル百以上の数はあるだろう鎌倉の神社仏閣に対し、お参りで手を合わせて祈った数は想像もつかない。

おそらく私の人生において数々の試練を「やる気」満々で乗り越えることができたのは、大学時代の４年間に、たっぷりと神社仏閣をお参りしておいたおかげに違いない。

私は、作家、ひすいこたろうのこの言葉が好きだ。

誰かの幸せを願っているとき、あなたはその人の神様です

――ひすいこたろう

素敵な言葉だ。同じ手を合わせるにしても、自分のことばかりでなく、真っ先に誰かの幸せを祈願したいものだ。なぜなら**大切な誰かの幸せを祈っているとき、その瞬間がもっとも「やる気」パワーが舞い降りる**からである。

そのときこそ、その場所が本当のパワースポットになるのではないだろうか。

Chapter 02

まとめ

- 「やる気」エネルギーをフル充電する時間、それが睡眠である
- 会社へ忠誠を尽くすことだけが、ビジネスパーソンの使命ではない
- 家庭とは、インテグリティを育てるところ
- 「やる気」とは、行動する人だけに湧きあがってくるものだ
- ゴミを拾って、「やる気」を拾う
- 「早寝」せよ
- 「素直な情熱家」であれ
- 三日坊主では終わらない適度な運動が「やる気」を動かす
- 取り戻せない過去に思いを向けることはやめよう
- 大切な誰かの幸せを祈っているとき「やる気」パワーが舞い降りる

Chapter 03

少しの「覚悟」が、やる気をつくる

他人の罪を裁かず、謙虚に反面教師とせよ

14

オフィスの中は、正義の仮面を被った批判と、その裁きであふれ返っている。

群雄が割拠するビジネスの現場は〝エセ裁判官〟でいっぱいだ。

表も裏も、猫も杓子も、バッサバッサと人を裁いて気分を晴らしている人だらけである。

それを他人事のように聞いているあなたも、胸に手を当ててよく考えてみれば、思い当たる節があるだろう。**自分のことは棚に上げ、「いかにも顔」で、行動批判や人物評価を繰り返しているのではないだろうか。**


たしかに組織とは、人間的に未熟な者たちの集合体である。

朝令《ちょうれい》暮改《ぼかい》は当たり前の優柔不断な経営者。無理難題を押しつけて怒鳴り散らす上司。能力もないのにわがままで偉そうな態度の先輩社員。嫉妬やいやがらせに執念を燃やす粘着質のラ

イバル。何度言っても同じ失敗を繰り返し反省のかけらもない部下。立場を主張するばかりの不誠実な取引先……。

こんなふうに、口には出さなくとも、多くのビジネスパーソンの心の中では、斬って斬って斬りまくる裁きの嵐が吹きまくっているに違いない。

私にはあなたの心の中の叫び声が聞こえてくるようだ。

「アイツは最低ランクの人間だな」という怒りのこもった心の裁きだ。

まさに理不尽のデパートのような職場の中にいたら、厳しい批判や非難を加えたくなる気持ちはよくわかるし、エセ裁判官となって、日々腹の底で「懲役刑」や「極刑」と、判決を言い渡したくなるその気持ちも、痛いほどよく理解できる。

しかし、私はその憤りの裏側に隠れているあなたの傲《おご》りに対して、危険を感じずにはいられない。

はたして、噴火することなく心の底で沸々と煮えたぎる裁きのマグマは、あなたの「やる気」を燃やしてくれるのだろうか。いや、それどころか、その傲りという名の憤りがあなたの「やる気」を下げているとしたら、どう思うだろうか。

ではここであなたへ、伝説の歌手、ボブ・マーリーの名言を贈っておきたい。

指をさして人を非難する前に、君のその手が汚れていないか確かめてくれ

――ボブ・マーリー

人を非難しようとするとき、あなたは、「自分は彼らとは違う人種だ」というような気持ちで相手を見下していないだろうか。「自分はいい人、彼らは悪い人」という倫理観で区別していないだろうか。

あなたが抹殺したくなるほどレベルの低いダーティーな者たちだとすれば、きっと彼らは軽蔑に値する人なのだろう。

しかし、ちょっと待ってほしい。

じつは、その思考には巧妙なトリックが仕掛けられている。

本当に自分ばかりがいつも正しくて、彼らはいつも間違っているのだろうか。本当にそうな

のか、自分の胸に手を当て、問い質してみてほしいのだ。

くれぐれも忘れないでほしい。私たちは神ではない。ひとりの人間なのである。

ではここであなたへ、ドイツの文筆家であるニッツの名言を贈りたい。

> 謙遜は力に基づき、高慢は無力に基づく
>
> ――ニッツ

相手を見下すその前に、「自分もあんなことをしてしまわないだろうか」と、あえて謙虚に自己評価してみてはどうだろうか。

見下して相手を裁くことができる資格があるのかどうか、自分は本当にいつも完璧なのか、ということを自省してほしいのである。

もちろんあなたが批判だけではなく、しっかり反面教師にしていることもわかっている。

さすがである。裁いた相手を反面教師にするその姿勢は高く評価したい。

ただ、心配なのは、その反面教師の中に高慢さが垣間見えることである。その傲慢とも言える勘違いが、いつか過ちを生む恐れを秘めていることを自覚するべきだ。

「自分はあんな人じゃない」ではなく、「自分はあんなことをしてしまわないように気をつけよう」という心構えを常に持ってほしい。

それが本当の反面教師なのではないだろうか。

念のため、人を裁く前に我に返り、立ち止まってみる必要がある。

同僚・上司・部下の失態の本質をよく観察し冷静に分析することだ。そして、自分がその過ちを絶対に犯さないように、自分自身に問いかけてみることである。

正しく観察するためには、仲間を反面教師にして裁く習慣をやめなければならない。これからは決して人を裁かないと心に誓ってほしい。

裁かれている相手と裁いているあなたは紙一重なのだから、気づかぬうちにあなただって、どこかで誰かに裁かれているかもしれない、と思ったほうが賢明だ。

明日は我が身であるという観察眼を持たなければならない。

一方で、人を見下していると、その失敗を見て安心してしまうという傲りも生まれかねない。

「ああ、バカだな」と見下して安心するのではなく、「失敗した人」と「棚に上げた自分」を重ね合わせてみようではないか。

私は、作家、中村文昭のこの名言が好きだ。

鏡をふくな。顔を洗え

——中村文昭

鏡をいくら拭いたところで、自分自身は何も変わらない。目の前の人を裁きまくっている間は、やるせなさが募るばかりで、一向に「やる気」が上がることはない。

あなたが「やる気」だと勘違いしているその高揚感や優越感は、罪人に対する憎悪や軽蔑の感情なのであり、謙虚さこそが本物の「やる気」を呼びおこすのだということを、常に忘れないでほしい。

さあ今日も、謙虚な気持ちで、顔を洗って出直そうではないか。

絶対に後悔しない前提で決断せよ。やる気とは、決意と覚悟だ

15

私たちは日々さまざまな決断を迫られている。常に決断、決断、決断だ。そんな毎日が普通であるにもかかわらず、一つの決断の結果が裏目に出て失敗に終わるたびに、クヨクヨと後悔し、「やる気」を失っている女々しい老若男女が後を絶たない現実は、とても残念だ。

ときには正しいと思える決断でさえ、どうにもならない不可抗力によって失敗に終わることもあるというのに、多くの人は失敗しては落ち込み、また後悔するという不幸を繰り返す。

情けないことに「失敗続きで悩んでいます」などと、いつまでたっても立ち直れず泣き言に終始している輩までいるようで、彼らはますますよい成果に恵まれない。

酷なようだが、そういった後ろ向きな人の「やる気」は、一生上がらないだろう。

この負のスパイラルを好転させるためには、「やる気の原理原則」に従って心構えを改善する必要がある。**大事なのは結果が出る前の段階。すなわち決断の仕方を正すのである。**

そもそも腹のくくり方が中途半端だから後悔するのだ。

決断するときはまず覚悟を決める。まずはしっかりと腹をくくることだ。

つまり、どんな失敗を犯したとしても、絶対に後悔しない前提で決断するのである。

それができれば、そのあとの結果は関係ない。成功しても失敗しても、どちらも正解なのだ。

その決断が失敗だったとしても、ときの運だから仕方がない。そう切り替えるのである。

ではここで後悔の連続のあなたへ、軍人アイゼンハワーの名言に気合いを入れてもらおう。

決断とは、目的を見失わない決心の維持にほかならない

——ドワイト・アイゼンハワー

しびれる言葉だ。前を向いて目的を見失わないこと。目的に向かう「やる気」とは、決意と覚悟そのものなのだ。

クヨクヨと後悔してばかりいると、前に進めない。

人生のギアをバックに入れてバックミラーばかり覗いていると、あなたが望むゴールにはなかなかたどり着けない。

見知らぬ道を進んでいくのはたしかに不安だ。

しかし、覚悟を持って決断しながら直進すれば直進するほど、新しい道は開けてくる。

とにかく、前を見るのだ。

一度ゴールを決めたら前進あるのみ、引き返さない覚悟を決めることだ。もはや「ああすればよかった」「ああしなければよかった」という日常から卒業することである。

これからのあなたはもう、人生のバックミラーを見ながら、決断のハンドルを切ってはいけない。バックミラーに映る標識に描かれてあるのは、「未練」「快楽」「妥協」「怠惰」「恐怖」「後悔」のマークだ。

何度も引き返しては、後悔の方向にばかりハンドルを切り直していると、いつか「成功禁止」や「成長行き止まり」の標識にぶち当たり、そこからはもう引き返せなくなる。

だから、決めた道を迷わず進んでいくのだ。

私は、池田貴将氏の著作『覚悟の磨き方』（サンクチュアリ出版）の中で超訳された、幕末の天才思想家、吉田松陰のこの言葉が好きだ。

できることは本当にちっぽけなことかもしれませんが、どうしても新しい歴史の一端を担いたいのです。この燃えるような熱い気持ちを、たとえ一人もわかってくれなかったとしても、この空だけはしっかり見てくれていると信じて、進みます

——吉田松陰

この言葉に触れるたびに、燃え滾《たぎ》るものを感じ、私は胸が熱くなる。この空が見てくれていると思えば心強い。たった一人でも、勇気を持って前へ進めるではないか。

退路を断たずにいつでも引き返せると思う人は、後ろを振り向いてばかりで正しい方向へは進めない。

そうして、いつも人生に迷う。

リスクを取り、退路を断って決断する人だけが、後悔しない人生を送る資格がある。

あなたは心の中に人生の地図を持っている。その地図に従った決断はいつも正しい。

たとえそれがデコボコ道や険しい山道であっても失敗ではない。

それが遠回りであっても失敗ではない。

その道を走ることに意味があるからだ。

デコボコ道や険しい山道は、あなたに「このへんでゆっくり進んだら」「そろそろテクニックを磨く時期だ」という意味を教えてくれているに違いない。

遠回りだっていいじゃないか。

近道ばかりがいい人生とは限らない。

遠回りして見える美しい景色もあれば、遠回りだからこそ気づく何かがある。

ではここであなたへ、元サッカー日本代表監督、ザッケローニの名言を贈りたい。

成功は必ずしも約束されていないが、成長は必ず約束されている

――アルベルト・ザッケローニ

そう、今がまさに成長のときだ。

だから迷わず覚悟を持って決断し、前へ前へと進むのだ。そうして進んでいくと、大きなゴールに向かって心の排気量がアップしていき、どんどん馬力がついてくる。

後ろを振り返ることなく退路を断ち、覚悟を決めれば失敗を恐れず自信を持って行動できる。

だからすべてうまくいく。「やる気」満々の成功者として悔いのない人生が送れるのだ。

転職先を決めるより先に、もう辞表を出してしまおうではないか。

別れた恋人の携帯電話の登録データは、すぐに消去してしまおうではないか。

思い立った不退転の決意は、一人でも多くの人たちへ公表してしまおうではないか。

退路を断てば、進むしかなくなる。

16

執着を捨てると、やる気が蘇ってくる

現状維持が手放せないビジネスパーソンは、たいてい「やる気」を失っている。耐えがたきを耐え忍んだ我慢が実を結び、それなりの役職や報酬を手に入れることができたら、もうそれを手離したくなくなる。

「やっとここまできた。感慨もひとしおだ。よしいいぞ、このままこのまま」と、平凡でささやかな成功にしがみついたまま、生ぬるいタスクに甘んじたくなるものだ。

たとえば、長年苦労して確立したビジネススタイル、頭でっかちな過去の知識や教養、浅く広く地道に培った人脈や情報網、ライバルとの熾烈な競争を勝ち抜いて得た管理職の座、世間の平均年収をやや上回る給与やボーナス。

それらが労力を注いで到達したステージであればあるほど、現状に酔いしれたくなる。

「もうそろそろ楽をしたい」というその気持ち、まあ、わからないでもない。

しかし、諸行無常である。平穏な日常が永遠に続くことなどあり得ない。次から次へと想定外の試練がやってきて、あなたを悩ませることになるだろう。残念ながら、ビジネスの世界はそれほど甘くないのだ。

もっとも恐ろしいのは、現状維持への執着と引き換えに、あなたの「やる気」も失われていくというメンタルダメージだ。

あなたがそこそこの実績に満足し、現状のキャリアを保とうとして守りに入るほど、すべては低きに流されていく。

退屈極まりない防戦一方のビジネススタイルは、徐々にあなたの「やる気」を蝕んでいくことになる。しがみついている過去の栄光を捨てない限り、あなたの「やる気」は蘇ってこない。

一度上った成功のステージから、自動的に次なるステージへとあなたを運んでくれることは有り得ないのだ。

あなたは成功へのエレベーターに乗ったつもりかもしれないが、今ボーッと立っているのは、冷酷な〝非情階段の踊り場〟であることに気づくべきである。

私は、営業の神様と呼ばれたジョー・ジラードのこの言葉が好きだ。

成功への階段のエレベーターは故障中だ。階段を登りたまえ、一段ずつ

――ジョー・ジラード

じつはかつて、この私自身も〝非情階段の踊り場〟において、モチベーションを維持できないマンネリに、悩み苦しめられた一人である。

しかし、小さな成功にしがみつきたい私の深層心理に棲みついていたのは、慢心という悪魔だったことに、悩める〝踊り場〟で気づくことができた。

ピノキオのように高く伸びきった傲慢なその鼻を自分の手でへし折り、怠惰にだらけ切ったその体に鞭打ったおかげで、みるみる「やる気」が湧いてきた。

駆け出し営業マンだった若き日の私は、「満足するのは100年早い！」と〝心の中の表彰状〟をビリビリに破り捨て、思い切り投げ捨てることができたのだ。

そうして深き悩みと戦いながらも、とことん現状維持を嫌ってきたからこそ、常に

高いステージで好業績を上げ続けられたのだと自負している。

ではここであなたへ、経営の神様、松下幸之助の名言を贈りたい。

人は燃えることが重要だ。燃えるためには薪が必要である。
薪は悩みである。悩みが人を成長させる

――松下幸之助

私は薪《まき》を焚《た》き続け、変化を受け入れたと同時に新しいターゲットを次々と掲げ、それを実行していったのである。

20代のとき、私は大手企業の花形営業マンという安定を捨てた。そして夢を求めてフルコミッションセールスの世界に飛び込み、毎年のように成長の階段を駆け登って行った。

6年が経ち、安定的に年収数千万円を稼ぎ出せるようになったその頃、その報酬を捨て、一流の管理職を目指し、マネジメントに明け暮れる日々となった。

猛烈な勢いで創り上げた最大規模のトップ営業所長という栄光のポジションであったが、その名誉を捨て、どん底支社の改革にチャレンジすることを選択した。

やがて前述したように「10冠王」のチャンピオンとなり、名実ともに全国ナンバーワン支社長としてダントツの実績を残せるようになったときにも、その地位を捨て、次なるステップアップを図った。

作家や講演講師として、世の中への貢献活動を認めることを条件に転職した国内大手生保の営業コンサルティング部門において、最高の生産性かつ最大規模の営業部隊を構築し、ハワイの地でゴールドプライズの表彰盾を手にすることもできた。

さらには、その成功さえも捨てたことで、ベストセラーを連発するほどの執筆活動に専念でき、こうして本書が11作目の出版となった次第である。

それから現在に至るまで、私はさまざまな営業組織と専属プロ契約を結び、イノベーターとして、変革や立ち上げの指揮を執ってきたのだが、そのたびに地位も名誉も報酬も、そして「やりがい」も、飛躍的にアップしたことは言うまでもない。

どのステージにおいても現状に満足せず、挑戦してきた成果である。

このようにして、次から次へと成功を捨ててきたからこそ、「やる気」を保つことができたのだと確信している。

それと同時に私は、現状にしがみつくことの恐ろしさを経験で学んだ。**安定を求めはじめたビジネスパーソンが、次々と脱落する末路をこの目で見てきたからだ。**

保身に執着している安定の先には、恐ろしい結末が待っている。それは深い落とし穴だ。あなたは暗い牢獄の中で奴隷として生きたいというのか。

いや、まさか。そのときになっては、もう取り返しがつかない。しかし現状に満足すればするほど、刻一刻と「そのとき」は近づいてくる。

それが嫌なら、あなたはこれから現状維持を捨てる決断を繰り返し、燃え尽きるまで生きていくしかない。

少しずつでもいいのだ。決してその場所に立ち止まらず、「やる気」の階段を駆け上がってくれることを心から願っている。

ではここであなたへ、私が今まで何度も励まされてきたジャーナリスト、落合信彦のこの名言を贈りたい。

たいした命じゃないんだ、燃え尽きるまでやれ！

――落合信彦

やる気再生のキーワードは、燃え尽きるほどの〝捨てる覚悟〟だ。たいした命ではないと謙虚な気持ちになれば、恐いものはなくなる。**死ぬ気で、ブチ壊そうじゃないか。**

平屋の家を十階建てのビルに建て替えるときには、家を壊さないままでコンクリートのビルを上から付け足すことはできない。いったん、すべてをブチ壊して更地にした上で建て直さなければ、大きなビルは建たない。

人生でさらに成長し成功しようと思ったらそれと同じことが言える。

現状をブチ壊して立て直す勇気。それがあれば、あなたの人生は高層ビルのように高く大きく成長していくことになるだろう。

17

死ぬ気で生きろ。「そのうち」「いつか」は永遠に訪れない

人間には、必ずお墓に入る日が訪れる。100パーセント間違いなく死はやってくる。これは普遍の真実だ。悔しいが「そのとき」を避けて通ることはできない。

しかも困ったことに、いつ「そのとき」がやってくるかわからない。

よって私たちは、その恐ろしい真実を、日常ではあまり考えないように暮らしている。

まるで自分だけは永遠に生き続けるかのような錯覚の中で生きている、と言っても過言ではないだろう。

じつは、我々の生命保険営業が歓迎されない理由もそこにある。

だからといって「どうせ死んでしまうのだから、がんばって生きたところで意味がない」と投げやりになり、「やる気」を失ってはいけない。また「私は生まれてきた意味があるのか」

と人生に生きる意味を求めたところで虚しくなるだけだ。ますます「やる気」は落ちていく。なぜなら、人生には何の意味もないからだ。求める答えは永遠に見つからない。

逆に、人生こそが私たちに意味を求めている。

私たちは「いかに生きるか」を問われている存在なのだ。

そのために生まれてきて、そのために死んでいくのである。私たちが死ぬ気で生きているかどうか、人生から試されているのだと思ってほしい。

私は、作家、マルローのこの名言が好きだ。

死を考えるのは死ぬためじゃない。生きるためなのだ

――アンドレ・マルロー

さてここで、限られた人生を謳歌《おうか》したいと願うあなたに問いたい。

あなたが叶えたい目標に、果たして〝期限の札〟はぶら下がっているだろうか。

鼻息の荒いあなたからは、「そんなの常識中の常識ですよ」という力強い答えが聞こえてきそうだが、実際に明確な期限が設定されているかとなると、かなり疑わしい。

私が言う目標とは、会社から与えられたノルマやバジェットのことではない。あなたが心から叶えたいと願う、人生の目標のことだ。

人生の期限が死ぬときまでであるとするならば、あなたにはその締切日までに成し遂げておきたい願望があるはずだ。しかし「いつか叶ったらいいな」というその願望は、明日の死を意識することなく、呑気に暮らしている人に叶えられることはない。

「叶わないからこそ、夢を見続けることができる」という不憫《ふびん》なドリーマーが、夢見心地に酔いしれ続けるためには、結果に向かうよりも先延ばしにして生きていくほうが都合はいいようである。**期限さえ設けなければ、必死に追い込む必要もないため、のんびりとマイペースを貫くことができるからだ。**

また、その目標は「努力不足」「実力不足」によって達成できないのではなく、今はまだそのタイミングがやってこないだけであると、自分を慰めることもできる。

「やる気」のない悲劇のヒーローやヒロインにとって〝期限の札〟などというものは、目に見えないように開かずの金庫にしまっておくか、シュレッダーにかけて粉々に葬り去りたい迷惑な代物なのだ。なんとも情けない。これでは「やる気」など上がってくるはずがない。

ではここであなたへ、作家、セルバンテスの言葉を贈っておきたい。

『そのうちやる』という名の通りを歩いて行き、行き着くところは、『何もしない』という名札のかかった家である

——ミゲル・デ・セルバンテス・サアベトラ

胸が痛いシニカルかつシュールな名言である。

そんな弱気なあなたであっても、現実の社会においては、締切日が近づいてくると、「こうしてはいられない」と、いつも以上のパワーを発揮し始めるのではないだろうか。

期初においては、「そのうち」と後回しにしていたあなたも、締切直前になりゴールが近づいてくると、尻に火がついて行動し始め、俄然「やる気」が湧いてくるに違いない。

そのマインドと同じように、**明日やってくるかも知れない「人生の最期＝締切日」をはっきりと意識することさえできれば、目標に向かって積極的な「やる気パワー」がみなぎり、スピードも活動量も飛躍的にアップしていく。**

私が明日の死を覚悟して、家族宛ての遺書を頻繁に書くようになった40代後半からというもの、もの凄いペースで執筆が進むようになった。多忙な本業でのミッションを遂行しながら、土日の休日を割いて執筆するという活動であるにもかかわらずだ。

それまで出版された本はたったの一冊だけだったのだが、この6年間で10作品が世の中に出回るようになったのは、単なる偶然ではあるまい。かねてからの念願だった小説家デビューまでも果たすことができたのだから、死ぬ気で書くパワーとは凄まじいものがある。ベストセラーとなった私の書籍は「死ぬ気」シリーズというものだが、まさにそれだ。

自分の人生に期限が迫っているという現実を意識しながら、明日の死と真摯に向き合い始めると、本当に自分がしたいこと、目指すものなど、自分らしい生き方が見えてくるものだ。

〝期限の札〟に書かれている日付までに実現できるよう、不思議なほどに「やる気」がパワーアップし、私たちを後押ししてくれる。

ではここであなたへ、進化論で有名なダーウィンの名言を贈りたい。

一時間の浪費を何とも思わない人は、まだ人生の価値を何も見つけていない

――チャールズ・ダーウィン

自分の人生の価値を意識しながら、〝期限の札〟に書かれている締切日は明日であることを覚悟して、今日という日を愚直に生き切ること。

それが「やる気」を上げるための生き方である。

そうすれば、あなたの一日一日、一時間一時間、そして一分一秒がもっともっと輝き出すことになるだろう。

今すぐに、人生のタイムリミットを設定せよ。

「そのうち」「いつか」は、永遠に訪れない。

人生の締切日は、「今日」「いま」「すぐ」だ。

18

「楽観主義者」と「やる気のない怠け者」をはき違えるな

数多《あまた》あるビジネス書の中には、「悲観的にならずに楽観的に生きよう」と、うんざりするほどそう書かれている。また、全世界のあちこちで開かれている自己啓発セミナーにおいても、前向きに気持ちを切り換えて「やる気」になるためには、「楽観主義こそがすべて」であると、まことしやかに叫ばれている。

「ピンチのときこそ、最大のチャンスである」という楽観的なプラス思考を否定する気はさらさらないのだが、**はたしてそんな能天気なポジティブシンキング〝だけ〟で、あなたの「やる気」は本当に持続できるのであろうか。**

心からピンチがチャンスと思える人は本当に幸せ者である。とはいえ、多くの人たちは「強がり」「やせ我慢」「見当違い」の域を抜け切れていない。

残念ながら、楽観主義だけで脱出できるほど、人生の問題解決は簡単ではないのだ。至極当然と言えば当然の結論になるが、ピンチはやはりピンチなのである。

私は二十数年間、厳しいと言われるフルコミッションセールスの営業最前線において、数え切れないほどの、不成功者と成功者を、この目でモニタリングしてきた。

実際に活躍しているビジネスパーソンを分析してみると、必ずしも楽観的で前向きな性格が「やる気アップ」の要因になっているわけではないことがわかった。

むしろ控え目でストイックな悲観論者のほうが、秘めた「やる気」を持っており、常に高成績を持続しているケースが少なくなかったのだ。

それはいったいなぜなのだろうか。

成績の上がらない「楽観太郎」「楽観女子」からは、ある共通点を見つけることができた。

それは彼らに、行動が伴っていないという点である。

楽観的な言葉を唱え気分が高揚しているだけの「自己啓発マニアのやる気」は本物ではない。

行動が伴わないニセポジティブ人間の目標は、永遠に達成されないままだ。

言行不一致で実践がまったく伴っていないのだから、いい成果など挙げられるわけがないだろう。気休めのパフォーマンスでは、一生「やる気」は上がらないのである。

ではここであなたへ、精神科医であり作家の、斎藤茂太の名言を贈りたい。

楽観的になりたいなら、客観的になることだ

——斎藤茂太

残念ながら、単なる楽観主義者である彼らには、自分を成長させてくれる試練に対し、その問題点を客観的にデータ分析し、解決へのアクションプランを実行するという習慣がない。

もし、いつも前向きなあなたが今、壁にぶつかって閉塞感に苛《さいな》まれ、スランプに悩んでいるなら、ここで一度、疑ってみるといいだろう。

自分自身が、現実逃避している「ニセポジティブ人間」なのかどうかを。

あなたが強みだと信じ込んでいるその超楽観主義は、問題を直視せずに正当化し怠惰な生活に甘んじているもう一人の自分に、おいしいエサを与えているに過ぎない。

やがて、楽観というエサでお腹をいっぱいにした「楽観太郎」や「楽観女子」が行き着く先は、極楽ではなく、難行苦行のアリ地獄のような人生なのかもしれない。

楽観主義者を気取っている「ニセポジ人間」の化けの皮をバリッと剥がすと、そこに正体を現すのは、単なる怠け者の素顔なのである。一日も早く、「口先だけの気休めは何も生み出さない」ということを自覚し、本物の「やる気」を取り戻してほしい。

ニセポジティブの呪縛を解く方策はただ一つ。「なんとかなるさ」という口癖を「必ずやる」に変え、客観的な解決プランを実行すること以外にない。

ではここであなたへ、大商人、斎藤一人のこの名言を贈っておきたい。

やればやるほど面白くなるものを仕事と言う

——斎藤一人

「楽しい」「面白い」という感情は、問題が解決してステージがもう一つ上がったとき、達成感や感動と共にやってくるものだ。

楽観というものは、後々になってやってくるのである。

正しく表現するなら「楽しい」ではなく、「楽しかった」であって、進行形にはならない。

仕事全体を長いスパンでみれば「楽しい」のであって、決して、一つの問題に立ち向かっている最中に楽しくなることはほとんどない。

「ニセポジ人間」は、それを著しく勘違いしている。

現実は大変である。本気で立ち向かえば立ち向かうほどつらくて仕方がない。

だからこそ、その苦労を乗り越えたときには、それを忘れてしまうほどに「楽しかった」と言えるのだ。

その「楽しい」が「やる気」を引き出し、次の課題へとチャレンジしていくパワーを与えてくれる。そうして繰り返される「楽しかった」という感情と共に、ますます「やる気」が上がっていくのである。というように、**超難解なゲーム感覚でやればやるほど楽しくなるのが、本当の仕事なのだ。**

あなたの仕事が楽しくないのはなぜか。もう理由がはっきりしたのではないだろうか。

私は、阪急東宝グループの創業者、小林一三《いちぞう》のこの名言が好きだ。

下足番を命じられたら、日本一の下足番になってみろ。そうしたら誰も君を、下足番にしておかぬ

――小林一三

さすが、かつては「今太閤」とうたわれた松岡修造の曽祖父である。

「日本一の下足番」とは、希望があふれ、エネルギーがみなぎる熱い言葉だ。

本物の楽観主義とは、下足番というポジションに満足し、最低限の仕事で楽をすることではない。最大限の仕事を精一杯「楽しむ」ことだ。その仕事の中に「やる気」になれる何かを見つけ続けることである。

「きっと誰かが見ていてくれる」

そう思えるだけで元気になれる。ぐっと、「やる気」が出る。

19
自分自身のご機嫌を取り、どん底をも楽しむ

二日酔いで体調不良の朝もある。
満員電車が殺人的に混雑することもある。
猛暑で汗だくの日もある。
夫婦喧嘩になることもある。
携帯や財布をなくして落ち込むこともある。
便秘が続くこともある。
子どもが熱を出して入院することもある。
業績不振のときもある。
雨の日が続き気分が乗らないこともある。

そんなときは、誰だってご機嫌ではいられない。もちろん「やる気」もどんよりする。

周囲の人々はあなたの不機嫌に敏感だ。

なるべくあなたの機嫌のいいときに近寄って、機嫌の悪いときには遠くから眺めているという、絶妙な距離を保っている。

機嫌の浮き沈みやイライラが激しいあなたであれば、周囲の人々はあなたの喜怒哀楽に振り回され、常にエネルギーを消耗するはめになるわけだ。

逆のパターンもあることだろう。

あなたはいつも他人の顔色を窺い、不機嫌にビクビクしているはずだ。不愉快な思いでストレスをためないための自己防衛本能である。

仮にあなたが若手社員であるとするなら、ベテラン社員に対して、悪い報告をしても嫌みを言われないタイミングを窺い、面倒な書類を提出するタイミングを窺い、先に退社する時刻のタイミングを窺っている、というように、人間関係を円滑に進めるための対処法を工夫していることだろう。

それはもう、涙ぐましい努力である。

ではここであなたへ、詩人、ゲーテの名言を贈りたい。

人間の最大の罪は、不機嫌である

――ヨハン・ヴォルフガング・フォン・ゲーテ

人は、自分が不機嫌であることの自覚がほとんどない。自分自身の機嫌には、意外と鈍感なものだ。しかし、これだけは言っておきたい。

あなたの自分本位な喜怒哀楽は、周囲の人々の「やる気」を確実に奪っていく。

さらに、その雰囲気の悪くなった環境にイライラを募らせたあなた自らの「やる気」をも喪失させてしまう悲劇に気づくべきである。

私は部下からよく言われる言葉がある。「毎日元気ですね」「悩みなんてないんでしょうね」「なぜそんなに明るく前向きなんですか」と。

私は部下に落ち込んでいる姿を決して見せない。

私の機嫌は常に一定だ。といっても、ただ単にハイテンションに振る舞えと言っているわけではない。黙って座っているだけでもいいのだ。大切なのは、心の安定感である。

ではここであなたへ、小説家、サッカレーの名言を贈りたい。

上機嫌は、社会において着ることのできる
最高の衣装の一つであると言えよう

――ウィリアム・M・サッカレー

ぜひ、上機嫌という最高の衣装を身にまとい、感情をコントロールする強さを見せてほしい。大きなアクシデントに見舞われたときでさえ、毅然《きぜん》とした態度で落ち込んだ様子を見せてはいけない。何かにとらわれている弱さを見せてはいけないのだ。

どんなときであっても、「やる気」のエネルギー値を落とさないために、感情をコントロールしなければならないのである。

私が二十年以上在籍した生保のフルコミッション営業の世界は、感情のコントロール次第で貧富の差がはっきりすることで有名だ。

優秀な成果を挙げ数千万円を稼ぎ続ける上機嫌な社員もいた反面、感情をコントロールできないローパフォーマーは、手取りが数万円にまで落ち込むほどのどん底生活を強いられた。

右肩上がりの人生を望んだとしても、現実はジェットコースターのように山あり谷ありだ。自分の力だけではどうにも脱出できない不運もある。

ところが、悪い波があまり続かずに最小限で切り抜けてしまう「やる気」のある人たちと、人生の底なし沼から抜け出せずにいつまでも苦しんでいる「やる気」のない人たちに分かれしまうのは、いったいなぜなのか。

何を隠そう、私にもどん底時代が何度か訪れた。

二十代の転職前には全財産がたった30円というピンチに見舞われたこともあったし、若気の至りで交通事故に遭い救急車で運ばれ、絶体絶命のどん底生活を味わったこともある。

しかしそれらのどん底状態が何度も反転し、V字回復したのは偶然ではない。

私は気づいた。絶体絶命の状態から脱出する法則の存在に。そして、どん底から救われる部下と救われない部下を観察するにつれて、この法則に間違いがないことを確信したのだ。

どん底から救ってくれるのはただ一つのもの、それは「希望の心」である。

たとえいっときは人生の底なし沼であったとしても、平常心のまま機嫌を保つことこそが、究極の脱出方法なのだ。

やはり、絶望からは何も生まれない。

どん底から反転する奇跡を起こす瞬間の光、それは誰が何と言おうと希望である。どん底をご機嫌に楽しめたとき、V字回復がはじまり「やる気」がみなぎるのである。

私は、お笑い芸人、若林正恭のこの言葉が好きだ。

自分にとっての幸福って、絶叫マシンと絶叫マシンの間のソフトクリームみたいなものかな。すぐ溶けるし、食べ過ぎると飽きる

——若林正恭

不遇な環境やスランプをも、ジェットコースターのように「キャー!」と楽しめるようにな

れたら、事態は一気に解決に向かい、好転し始める。そして「幸福のソフトクリーム」を味わうことができる。

しかし、いっときの不幸をどん底だと嘆き悲しんでいるうちは、下り坂を転げ落ちていくように、どんどんどんどん落ちていく。

あなたは試されている。

「こんな逆境のときにご機嫌でいられるか」ということを。

所詮、幸福な時期など、一瞬一瞬のことだ。どうせすぐに飽きてしまうのだ。

本当は皆、どん底を楽しむ生き方を知っているのである。

だってそこには、希望があるから。

逆境をご機嫌で楽しみ、希望を持って歩き出すこと。

「やる気」上昇へのソリューションはそれしかない。

Chapter 03

まとめ

- 仲間を反面教師にして裁く習慣をやめる
- 大事なのは決断の仕方を正すこと
- 絶対に後悔しない前提で決断すればうまくいく
- やる気再生のキーワードは、燃え尽きるほどの〝捨てる覚悟〟
- 締切日は明日であることを覚悟して、今日という日を生き切る
- 「なんとかなるさ」という口癖を「必ずやる」に変える
- あなたの自分本位な喜怒哀楽は、周囲の「やる気」を奪っていく
- どん底から救ってくれるただ一つのもの、それは「希望の心」である

Chapter 04

究極の「モチベーション」を習慣化する

20 鏡の前で笑顔をつくり「もう一人の自分」をアファメーションせよ

嘲笑《ちょうしょう》されることを覚悟でカミングアウトすれば、私は、鏡を見るのが大好きだ。

通勤用のビジネスバッグの中には、コンパクト・ミラーを入れ常に持ち歩いているし、オフィスのパソコン横には、いつでも覗き込めるようにポータブルサイズの鏡を飾っている。自宅のマイルームでは姿見の巨大ミラーと常に向き合っているし、洗面所では毎朝、入念に髭を剃り、歯磨き・うがい・洗顔・マッサージ・洗髪・整髪・ストレッチなど、一時間以上かけて身だしなみを整え、ずっと鏡の中の自分と向き合っている。

いやはや、いい歳をした中高年の男としては、異例の長さであろう。だからといって誤解しないでほしいのだが、私は男前の自分に見とれているナルシストでは決してない。

じつは私、鏡を見ながら「やる気」を上げているのである。

ここであなたへ、芸術家、岡本太郎のこの名言を贈りたい。

自分の姿をありのまま直視する。それは、強さだ

――岡本太郎

常に自分自身と向き合い、ありのままを直視すること。

これはもちろん、外見だけでない。自らの心の内側をも直視するということだ。

誰でも何かしらのコンプレックスを持っているものだ。

よほどの美男美女であるか、よほどの勘違い野郎でない限り、ありのままの自分と向き合うことには、少なからず抵抗を感じるのではないだろうか。

心の内側の「やる気」を探ったとき、いかに楽をして怠けるのか、そればかり考えている自分とは、向き合いたくないはずだ。

モチベーションの下がっている自分などは、見て見ぬふりをしておきたいのが本音であろう。

だからこそ、自分を直視することとは、「強さ」なのである。

ここはひとつ、鏡の中のあなた自身をよく観察してほしい。

表情は暗く疲れ切っていないか、瞳は生き生きと輝いているか、笑顔に嘘はないか。というように、外側から内側までも、よくよく覗き込んでほしいのである。

鏡の中のあなたは今、「やる気」あふれるビジネスパーソンの顔をしているだろうか。ぜひ、穴が開くほど直視してほしいものだ。

直視する習慣がついたら次は、「やる気」アップのルーティンだ。

いったい私は、鏡に向かい、具体的に何をしているのか。

どうやって「やる気」を上げているのか。

そう、じつは鏡を通して、自分自身にアファメーションをしているのである。

世間一般のアファメーションというのは、「具体的な夢や目標への自己暗示」であったり、「願望が現実化したかのごとく洗脳すること」であったり、「深層心理に潜む固定概念の書き換え」であったりするのだろう。

専門家が指導しているアファメーションを否定するつもりはないが、「できる、できる、絶対できる」「好きだ、好きだ、ありのままの自分が大好きだ」「成功する、成功する、必ず大成功する」というようなアファメーションは、残念ながら、自信を喪失しているビジネスパーソンには効果が出ない。

本心では自分のことを「頭が悪いし、経験不足」「自分が好きになれない」「また失敗しそうで、不安だ」と疑っていながら、無理やり自分に言い聞かせるように「できる」とアファメーションしたところで、「やる気」は湧いてこない。

それではかえって「やる気」を落とすことがあるので注意が必要になる。

「でもやっぱり、私には無理に決まっている」というネガティブな抵抗感がつきまとって離れないのが普通だ。急激な変化への恐怖によって、潜在意識が拒絶反応を起こしてしまうのだ。

よって、私流の「やる気アファメーション」は至ってシンプルだ。

「私はとことん運がいい」「私はやっぱり超ツイている」「私は世界一の幸せ者だ」というように、これらのメッセージを、鏡の中の自分自身へ語りかけるだけである。

そもそも運や幸福感などというものは、自分の能力とは直接関係ない。

だから潜在意識からの拒絶が起きにくいのだ。

この**「ミラー・アファメーション」**は、すでに私の中で習慣化されており、まったく違和感がない。本来の私自身はまったく変化する必要がないからだ。自然体でつぶやける。

ぜひあなたも、自分の運を信じ、何度も何度も何度もアファメーションしてほしいものである。

ではここであなたへ、漫画家、手塚治虫のこの名言を贈っておきたい。

人を信じよ、しかし、その百倍も自らを信じよ

——手塚治虫

人を信じること以上に、その百倍も自分自身を信じること、これもまた簡単ではない。であるなら、自分を百倍信じられるようになるために、鏡の中の自分と会話をするという、もう一つのバージョンを実践してみることもオススメしておきたい。

「お前は、とことん運がいい」「お前は、やっぱり超ツイている」「お前は、世界一の幸せ者だ」という二人称のアファメーションは、少々照れが入るかもしれないが、「やる気」アップの効果は絶大だ。

鏡の中にいるあなたを信じられないあなたに、「やる気」がみなぎることはあり得ない。
しかしながら、鏡の中のあなたを応援してあげることさえできれば、そのまま「やる気」のエネルギーが反射されてくるのである。

私は、タレント、萩本欽一のこの名言が好きだ。

『笑い』は相手がいて、初めて生まれるんだよ。相手を信用しないと笑えないよ

——萩本欽一

あなたもぜひ、鏡の中の相手を信じ、応援メッセージと共に、満面の笑みを投げかけてほしい。ワクワク楽しい「やる気アファメーション」のリズムを刻みながら、鏡に向かって何度も何度も何度でも、自分（相手）を励ましてあげようではないか。
それを毎日繰り返せば、大爆笑の幸せな人生を歩み続けることができる。

マネーモチベーションの有効活用

21

数年前のこと、某メガバンクに勤務している元部下たちと酒を酌み交わし、最新の金融情報を交換する機会があった。その夜の宴は大いに盛り上がったのだが、私にとって最も興味深かったのは宝くじの話題だ。

そう、彼らの銀行が扱う特有の顧客といえば、「ジャンボ宝くじ」の当せん者である。

当然のごとく、営業担当者は、「5億円」「3億円」という当せん金をターゲットに、さまざまな金融商品を提案することになる。その際、大金が天から降ってきたお客様というのは、いったいどのように人格が変貌していくのか、私は興味津々にインタビューを重ねた。

それまでの私は、「宝くじが当せんした人は、狂喜乱舞《きょうきらんぶ》しパニックに陥る」という勝手なイメージを描いていた。

しかし、彼ら担当者のリアルな声を聞いてみると、それは意外にも正反対の答えだった。

宝くじに当せんしたお客様は皆揃いも揃って、偉ぶらず、落ち着き払い、対応も紳士淑女な「人格者」であると言うのだ。

大金を手にすることのできる人には、謙虚、善良、堅実、親切、ポジティブという共通項があった。ということは、**「お金には人格や意志が宿っていて、所有主を選ぶ」**とも考えられないだろうか。そう、お金に好かれる能力は存在したのである。

かく言う私が、かつてハイリスク・ハイリターンである生命保険のフルコミッションセールスを選んだ理由の一つに、「稼ぎたい」という貪欲な野心があったことは言うまでもない。

当時、周囲の仲間たちは、同じ環境、同じ商品、同じ給与システムという横一線の同じ条件でありながら、結果、お金に好かれる人と、お金に嫌われる人がいた現実を、私は目の当たりにしてきた。

ドーンと高収入になったにもかかわらず自己破産した人、小さな契約をコツコツという堅実タイプであるのに豪邸を建てた人など、必ずしも、お金との相性は営業成績の優劣だけでは計れないようだ。

あなたの沈滞モードを一瞬で「やる気」にさせてくれるのがお金のパワーなら、一方で、「やる気」を一瞬で奪う原因もまた、お金の魔力だ。

よって、お金とのスタンスを誤ると、下り坂の人生へと転げ落ちていくこともあるから要注意である。

私は、江戸時代後期の農政家・思想家、二宮尊徳のこの名言が好きだ。

> 欲をもって家業に励み、欲を制して義務を思う
>
> ――二宮尊徳

常日頃から欲を制することのできない金の亡者に、お宝が当たることはないのだろう。

そもそも宝くじの一攫千金を当てにして、本業を怠っているようでは「宝くじの女神」は一生微笑まない、と考えるのがまともである。

あなたにとって最低限必要な額だけを貢いでくれようというのが、人生における女

神の采配らしい。

あなたの生活がいつもカツカツでなかなか貯金が増えないのも、給料日前のランチが300円の牛丼になるのも、そのためである。

ありがたいことに、女神からの恵みには「人生のプラス・マイナス」という概念はあっても、「金銭に関するプラス・マイナス」という概念はないようだ。

すべては、あなたのためである。

だから、借金だらけのあなたがお金に困り、女神に返済を懇願したとしても、それがあなたにとって本当に必要な金額であると判断されなければ、融資は決裁されない。

あなたが働いて返す「やる気」や、その努力に対しては幸運パワーの後押しをしてくれるかもしれないが、宝くじやギャンブルで一括返済できるほどの協力はしてくれないのだ。

心やさしい女神は、あなたを甘やかして道を踏み外したりしないよう「金運のリボルビング払い」にしてくれている。多過ぎず少な過ぎず、誤った金銭感覚で人生が台なしになったりしないよう采配しているのである。

そんなぎりぎりの生活を脱したいと思うなら、お金に愛される人格者を目指し、欲に対する中途半端な下心を捨てることだ。そうすれば、あなたが真っ当に生きるために上手にコントロールできる大金が〝人生の銀行口座〟へ振り込まれるようになるだろう。

一方で、「お金は汚いもの」と負け惜しみを言っている限り、お金は寄ってきてくれない。

お金には感情があるのだ、と解釈しておくとわかりやすいだろう。

お金は人間と似た習性を持っている。人嫌いの人が相手からも嫌われるのと同じように、お金を嫌っているうちは、お金はあなたのことを好きになってくれないものだ。

これからは、稼ぐことに積極的になることだ。

適度に消費を増やすことで市場に還元し、多額の所得税・住民税・消費税を納付することで地域社会に貢献する。

さらには、寄付や募金で弱者を助けることも忘れず、稼いだ資金は次々と全世界に投資してほしいものだ。

聖書にもあるように、お金を稼ぐことこそが隣人愛なのである。罪悪感を持たず、誇りを持って経済社会に貢献しなければならない。

ではここであなたへ、自己啓発の大家、ロバート・コンクリンの名言を贈りたい。

あなたが受け取る報酬は、『どれだけ人の役に立ったか』を示しています

——ロバート・コンクリン

報酬が増えないのは、あなたが「労働の対価が報酬である」と思っているからではないだろうか。苦役の対価が金銭ならば、いつまでも働くことが喜びに変わることはないし、それが世間に認められる成果になることもない。

よって、仕事に「やる気」が湧かない、というスパイラルの中で、ため息が止まらない日々を過ごすことになるのだ。

これからは、ため息を「やる気」に変えるため、「どれだけ人の役に立ったか」を基準に働くことである。

ではここであなたへ、ウォルト・ディズニーの名言を贈っておきたい。

単なる金儲けは昔から嫌いだ。何かをしたい、何かを創りたい、何かを始めたい、昔から金はそのために必要なものでしかなかった

——ウォルト・ディズニー

稼いだ金をどうしようと、あなたの自由だが、金銭感覚が麻痺して浪費に溺れれば、所詮そこまでだ。また、がめつくお金に執着しようとすれば、人は離れていく。

利己主義な金の亡者は、墓場までは持っていけない大金を抱えて、孤独に死んでいくのだ。

「何かをしたい」「何かを創りたい」「何かを始めたい」。

こんなあなたの志のために、お金を稼ぎ、それを有効活用すべきである。

小さな投資でもかまわない。

次の世代への仕送りができたなら、きっと〝お金も喜ぶ〟のではないだろうか。

22 「やる気メンタル」をコントロールせよ

病気や怪我は「やる気」を奪う。というか、そうなればもう「やる気」どうのこうのという問題ではないだろう。風邪を引いて高熱を出し寝込んでいるとき、大怪我をして入院し塞《ふさ》ぎ込んでいるとき、そんなときは安静にして、とにかく回復を待つしかない。

いざとなっても、お金で健康を買うことはできない。

病気や怪我をしてはじめて、「やはり健康は何ものにも代えがたいもの」であると、誰もがしみじみと実感するのだ。予期せぬアクシデントに遭遇し、「なぜ、自分だけが……」と、嘆くことにもなるのである。

さて、これらの災難。避けて通れない不運であるとあきらめて休養し、回復したその後は「次は気をつけよう」と、毎度毎度、ありきたりの予防を心がけるだけでいいのだろうか。

そのたびに「やる気」は上がったり下がったり。

なかなかどうして、安定しないのではないだろうか。

たしかに「まったく怪我をしたことがない」「まったく熱を出したこともなければ、病気をしたこともない」という不死身の鉄人には、私もお目にかかったことはない。

オフィス内にインフルエンザウイルスが蔓延していれば、どんなに強靭な体力を誇る人であっても感染するリスクはつきまとう。優秀なビジネスパーソンたるもの、健康管理も仕事のうちだと言われるが、スーパーマンのようにはいかないのが現実だ。

そうは言っても、いつどこの世界にも、ウイルスに感染しやすい人と感染しにくい人がいるものだ。怪我の多い人と怪我の少ない人がいるのも、歴然とした事実である。

もしかするとあなたは、病気や怪我を被るということは、「たまたま」とか「しかたない」と感じているのかもしれない。

しかし、あなたが風邪で休むのは偶然ではない。

無事故の人がずっと無事故なのにも、れっきとした理由がある。

それは間違いなく、軟弱なメンタルが病気や怪我を引き寄せているのだ。

そう、病原体ウイルスや不慮の事故を引き寄せたのは、あなたの邪念なのである。

邪念とは、気のゆるみや油断を生み出す。

病気は、あなたの不摂生の積み重ねによって免疫力が低下し発症したのだ。怪我は、あなたの集中力が散漫になった不注意によって起きたのである。

だとするならば、どうにもならないと思っていた健康でさえも、あなたの「やる気メンタル」次第でコントロールすることができることになるではないか。

私は、哲学者、フランシス・ベーコンのこの名言が好きだ。

不屈の精神は、思考の最高司令官であり、意志の鎧であり、理性の砦である

——フランシス・ベーコン

思わず立ち上がり直立不動になってしまうほどの見事な言葉だ。背筋がピンと伸びる。その

通り、不屈の精神があれば、邪念など入り込む隙間はあるまい。

漢方の世界では、「ふうじゃ（風邪）」という邪気が、背中の風門というツボから体内に侵入して風邪を引く、と言われている。

文字通り、あなたの邪念がウイルスを引き寄せているのである。

怪我も同様だ。怪我の語源は、「穢《けが》れる（汚れる）」であるという説もある。観念的な心の穢れが、怪我を引き寄せていると考えてみてはどうだろうか。

たとえば、交通事故、スポーツ中の骨折や捻挫、喧嘩のトラブル、飲酒中のアクシデント、転倒や衝突など、すべての原因は注意力散漫による油断なのだから、防げるケースがほとんどだ。「誰でも風邪くらい引く。誰でも怪我くらいする」などと呑気に考えている人は、いつも「やる気」を失っている人だ。

予防対策はシンプルである。

常に明確な目標を心のスクリーンに描いておけば、気分爽快の状態が続き、免疫力も集中力もアップする。よって邪念や心の穢れを寄せつける恐れはない。

それは何よりの予防ワクチンになるし、「やる気アップのサプリ」にもなるのである。

目標に向かっているときの免疫力は、体調不良など寄せ付けない。

目標に向かっているときの集中力は、うっかりミスなど寄せ付けない。


だからいつも、目標は掲示して可視化する。

目標を書いたものを持ち歩く。

目標をいつもアウトプットして擦り込む。

目標はまわりの仲間と共有する。

手の届く小さな目標を次から次へと設定する。


このように、邪念や心の穢れを振り払う予防法を徹底してほしい。

夢と希望に満ちあふれ、心身ともに充実している人は、病気や怪我に縁がないものである。

常に目標に向かってワクワク感たっぷりに暮らしている私は、そろそろ55歳を迎えようとしているが、見た目の肌ツヤもいいらしく、ひと回り下の年齢に見られることも少なくない。

日々、快食快便。風邪で熱を出すことやお腹を下すこともめったにない。

常に自分のメンタルが「やる気」満々の状態に保たれるよう、明確な目標という栄養を与え続けているからなのである。

ではここであなたへ、歌手、ドリー・パートンの名言を贈りたい。

虹を見たければ、ちょっとやそっとの雨は我慢しなくちゃ

——ドリー・パートン

どんなに気をつけていたとしても、長期離脱を余儀なくされるような災害がいつ訪れるかもわからない。あなたにまったく過失がない事件事故に巻き込まれたなら、「最悪だ」と運命を呪うこともあるだろう。本当にお気の毒だ。お見舞い申し上げたい。

ただ、悲観している場合ではない。

そのとき、復活後の虹をイメージして、不遇のステージを耐え忍ぶことができるかどうか。それが一過性の災難で終わるのか、それとも、「またしても」という不幸が繰り返されることになるのか、その運命を分ける。

離脱中でさえも、次なる目標から目を逸らさないことである。

体は休めても、メンタルのリハビリはすぐに開始してほしい。やり直しはいくらでもできる

のだから。

ではここであなたへ、日清食品の創業者、安藤百福《ももふく》の名言を贈りたい。

転んでもただでは起きるな。そこらへんの土でもつかんで来い

——安藤百福

倒れても倒れても、そのたびに何かをつかんで立ち上がることができるか。

あなたの「やる気メンタル」が問われる瞬間だ。

転んでもただでは起きないたくましさが、あなたの人生を豊かにしていく。

「そこらへんの土」が、やがては大きな果実をも実らせることがあるのだ。

そうして、七転び八起きで立ち上がるたび、免疫力も集中力も研ぎ澄まされた強靭なスーパーマンへと進化していくのである。

23

「親不孝」があなたのやる気を蝕んでいく

やって当たり前のことを誇らしげに語るのもおこがましいが、私はかなりの親孝行息子だと自負している。

我が家は三世代同居の7人家族だ。専業主婦の妻と最愛なる3人の娘、そして昭和ひと桁生まれの両親含め6人を扶養している。共に一つ屋根の下で暮らしているのだ。

十数年前、年老いてリタイアした両親を呼び寄せ、同居を始めた。

事情により蓄えがなく、年金の受給資格さえもない両親にとっては、私の収入が頼りなのだ。

そのとき同居を快諾してくれた妻には、心から感謝している。

妻から両親へ毎月高額なお小遣いを渡してもらっているし、同居する以前も、まとまった資金を仕送りし、経済的な援助もおこなっていた。

両親は孫たちとも仲がよく、家族関係は極めて良好だ。

誕生日や父の日、母の日、敬老の日など各種イベントには孫たちも率先してプレゼントや「感謝の手紙」を渡している。還暦・古希・喜寿・傘寿のお祝いも欠かさない。

病院やお墓参りは車での送迎もする。

ときには好物の大福やお団子を買って帰り、一緒に食べることもある。

そうして日々声をかけコミュニケーションをとっているのだ。

「収入に余裕があるから親孝行も容易にできるのだろう」と皮肉る人もいるが、私には、ある確信がある。高収入を得ているから親孝行できているわけではなく、「親孝行してきたから高収入なのである」と。

それまでどん底に低迷していた私の支社が、両親を呼び寄せた途端に、飛躍的な快進撃を始め、多くのMDRTを擁する「10冠王」の全国ナンバーワン支社にまで発展したことは、決して偶然ではない。

同居を境にして沸々と「やる気」が湧いてきて、業績も急上昇していったのは事実だ。

念願だった本の出版が実現し、作家としての人生がスタートしたのもこの頃である。

私は、作家、マーク・トゥエインのこの名言が好きだ。

人生でいちばん大切な日は、自分が生まれた日と、生まれた理由を見つけた日だ

――マーク・トゥエイン

両親より授かった命の尊さと、感謝の気持ちを忘れてはならない。

あなたの誕生日は、生んでくれた両親への感謝を伝える絶好の機会だ。「おめでとう」とお祝いを言われるより先に、心からの「ありがとう」を伝えようではないか。

もうすでに両親が他界してしまったという人であっても、お墓の掃除をしたり、仏壇にお供え物をして手を合わせるだけでもよい。

それだけでも、心がすっと軽くなり、「やる気」が上がってくるはずだ。

ちなみに、私が外資系生保の支社長として100名以上の精鋭部隊を率いていた頃、営業社員全員のご両親宛に、私から手紙を出したことがある。

子どもたちの社内での活躍を報告する手紙だ。

内容は社員それぞれの特長を生かした仕事振りや、いかに会社に貢献してくれているかを書いた。そして、手紙と一緒に幸せの黄色いハンカチを同封させてもらった。

すると多くのご両親から私宛にお礼の返事が届いたのだが、そこにはある傾向があった。

それは、成績優秀な社員のご両親ほど返信率が高く、手紙の中身が濃かったことだ。

ではここであなたへ、画家、ピカソの名言を贈りたい。


母はかつて、私にこう言ったものだ。「おまえはね、軍人になったら、そのうち将軍になれる。修道士になるなら、やがては法王になれる」。私は結局、画家になり、ピカソとなった

——パブロ・ピカソ

誰にとっても母とは、偉大なる存在だ。

そして、母はいつも最大の理解者であり、最高の応援団長でもある。

ご両親からの手紙のほとんどは、お母様からだった。

お母様からの返信を読むと、社員たちが親孝行している日常が読み取れ、親子関係が良好であればあるほど、その社員の営業成績が高いというデータも読み取れた。

親への感謝の気持ちなくして、「やる気」あふれる真の成功者にはなれない、という何よりの証明であろう。

親孝行のできる高潔な人間力が、そのまま仕事に生かされていたのである。

大優先すべき親孝行を「照れくさい」「遠方に住んでいる」「いずれそのうちに」といった言い訳で先延ばしするビジネスパーソンは、仕事のパフォーマンスも期待できない。

親に限らず、感謝の気持ちを相手に伝えることは、成功者の大原則である。

自分を生んで育ててくれた大恩人の両親を放っておいて、他人に見せかけだけの思いやりを押し付けても、虚しい心の葛藤は解消されない。「やる気」は下がるばかりだ。

よって、親不幸者はハイパフォーマーになれないのである。

親に心配をかける愚行など、もはや論外だ。

たとえ実質的な親孝行はできなかったとしても、せめて現在の仕事で大活躍をして、親を安心させてあげたらどうなのか。

それが何よりの親孝行になると言えるのではないだろうか。

大切なのは、恩を返す感謝の気持ちだ。どんな形であれ、親孝行を実行に移すことさえできれば、あなたの人生が「やる気」に満ちた人生になることは間違いない。

日々の親孝行が、次々と「やる気」を呼び起こしてくれるのである。

ではここであなたへ、作家、H・ジャクソン・ブラウンJr.の名言を贈っておきたい。

最高の贈り物が、綺麗な包装紙に包まれているとは限らない

——H・ジャクソン・ブラウンJr.

この世に生を受けたことが最高の贈り物であると、わかってはいるが、大概その人生は波乱万丈であろう。決して綺麗な包装紙に包まれたような人生が送れるとは限らない。

それはもう生まれ持った宿命でもある。

どちらにせよ、その宿命を受け入れ、最高の贈り物を授けてくれた両親に、心からの恩返しできるかどうか、それが価値ある人生を送れるかどうかを決める。

どのような仕事をしているかが、その人生の価値を決めるのではないことは明らかである。たとえそれが、綺麗な包装紙に包まれた、超のつくエリートだとしてもだ。

「人生の大恩人」である親を大事にできない人に、いったい何が成し遂げられるというのか。どんな価値ある仕事ができるというのか。

できそうでなかなかできない親孝行をどれだけ実行しているかが、その人生の価値を決める、と言ったら言い過ぎだろうか。

24 「やる気を与える楽しみ」を知る

ブラック企業の軍隊式経営戦略は最悪だ。

絶対にあきらめてなるものかと、必勝のハチマキを頭に巻きつけ、達成に向かって「エイエイオー！」と雄叫びを上げては「やる気」を鼓舞する。

顧客満足は二の次三の次、企業利益大優先の活動に邁進していく。

そんな狩猟型のビジネススタイルでは、社員の離散が止まらないのも当たり前だ。

個々の取り組みも同様である。「収入を増やしたい」という儲け主義や、「出世したい」という野心のために仕事に励んでみても、得られる成果は一時的でしかない。目先のお金や競争だけの「やる気」では限界がやってくるものだ。やがて心が消耗していき、クタクタに疲れ果てる。

たしかに目標を達成するために気合いと根性で貪欲に働くことは、悪いことではないのかもしれない。私はその姿勢自体を完全否定するつもりはない。

しかし、目的はすべて自分のためというビジネスパーソンが、取引先や同僚から信頼されるわけもない。当の本人にしても、自己中心的な仕事のやり方には嫌気がさしてくるものだ。よって、「やる気」はますます落ちるばかりなのである。

そのような自己中スパイラルのど真ん中で働いていることに薄々気づいていながら、必死に走り続けているビジネスパーソンは少なくない。「人に喜んでもらっている実感が湧かないし、楽しくない。疲れやすく、やる気が出ない。……でも、がんばる」というところだろう。

私利私欲にギラギラしたその欲望を、取引先や同僚に見せることなく、日常のあなたは表と裏を使い分けながらエゴをひた隠しているわけだ。

心ではそれを悟られないようビクビクしながら、仕事に励んでいるのである。

じつは、**その後ろめたい罪悪感こそが、本来は善良であるはずのあなたを、さらに疲弊させている**ということに気づいてほしい。

ではここであなたへ、小説家、トルストイの名言を贈りたい。

郵便はがき

162-0816

恐れ入ります
切手を
お貼りください

東京都新宿区白銀町１番１３号

きずな出版 編集部 行

フリガナ

お名前　　　　男性／女性
未婚／既婚

(〒　　　-　　　)

ご住所

ご職業

年齢　10代　20代　30代　40代　50代　60代　70代〜

E-mail

※きずな出版からのお知らせをご希望の方は是非ご記入ください。

愛読者カード

ご購読ありがとうございます。今後の出版企画の参考とさせていただきますので、アンケートにご協力をお願いいたします（きずな出版サイトでも受付中です）。

[1] ご購入いただいた本のタイトル

[2] この本をどこでお知りになりましたか？
1. 書店の店頭　　2. 紹介記事（媒体名：　　　　　　　　　　　　　　　　　）
3. 広告（新聞／雑誌／インターネット：媒体名　　　　　　　　　　　　　　　）
4. 友人・知人からの勧め　　5.その他（　　　　　　　　　　　　　　　　　　）

[3] どちらの書店でお買い求めいただきましたか？

[4] ご購入いただいた動機をお聞かせください。
1. 著者が好きだから　　2. タイトルに惹かれたから
3. 装丁がよかったから　　4. 興味のある内容だから
5. 友人・知人に勧められたから
6. 広告を見て気になったから
（新聞／雑誌／インターネット：媒体名　　　　　　　　　　　　　　　　　　）

[5] 最近、読んでおもしろかった本をお聞かせください。

[6] 今後、読んでみたい本の著者やテーマがあればお聞かせください。

[7] 本書をお読みになったご意見、ご感想をお聞かせください。
（お寄せいただいたご感想は、新聞広告や紹介記事等で使わせていただく場合がございます）

ご協力ありがとうございました。

きずな出版　URL http://www.kizuna-pub.jp　E-mail 39@kizuna-pub.jp

人生には唯一つだけ疑いのない幸福がある。
それは、人のために生きることである

——トルストイ

「人のために生きる」とは、幸せを与える生き方だ。「やる気を与える生き方」と言い換えてもいい。相手からの期待を上回る思いやりを提供し、喜んでもらうのはどうだろう。

目先の見返りさえも期待してはいけない。心からのサポートとは、見返りを期待しないこと。いつでもどこでも先に与える、勝たせる生き方を身につけることだ。

そうすれば、大きな見返りとなって必ず返ってくる。

自分が「やる気」で満たされたいなら、先に相手を「やる気」で満たしてあげることである。

たとえば、あるお父さんが、幼い子どもと野球ゲームに興じているシーンを想像してみてほしい。お父さんがピッチャーで子どもがバッター。するとお父さんは、圧倒的なスピードボールでバッタバッタと三振に切って取り、今度は攻守交代してお父さんがバットを握ると、フルスイングでカキンカキンとホームランを連発し、全戦全勝。大人げなく満足している。

結果、その子どもは「やる気」を失い、野球が嫌いになる。

もう二度と親子の勝負には参加してくれないだろう。子どもに野球を好きになってもらいたいと願うなら、先に何度か勝たせてあげることである。「やる気」にさせることだ。

傲慢なエゴや虚栄心の代わりに、思いやりという名のスローボールや、愛という名の空振りで、上手に相手の自尊心を満たしてあげてほしいものである。


私は、ボクシングの元世界ヘビー級王者、モハメド・アリのこの名言が好きだ。

他者に貢献することは、この地球でのあなたの居場所に払う家賃である

——モハメド・アリ

あなたは、この地球に家賃を払っているだろうか。

うっかりすると、かなりの額を滞納しているのではないのか。

ただ、他者へ貢献するといっても、すぐに目先の見返りを期待してはいけない。相手からのリターンがいつ来るのかわからなくても、与え続けなければならない。

与えた相手からは直接返ってこなかったとしても、巡り巡って別の人からの恩恵があるかもしれないではないか。時間が経ち、忘れた頃になって返ってくるのかもしれないではないか。

与えることのできたあなたへのご褒美は、遅れて届くこともあるのだ。

「いつか返ってくる」と信じて、与え続けること。それを信じ抜ける人だけが、本物の「やる気」を継続できるのである。


ではここであなたへ、政治家、チャーチルの名言を贈っておきたい。

人は、得るもので生計を立て、与えるもので人生を築く

——ウィンストン・チャーチル

私が外資系生保で営業をしていた頃、「SAP」という営業成績の指標があった。「修正（

Syuusei) Annualized Premium」の略で、歩合給を計算するための数値だ。コンテスト表彰なども、そのSAPが基準になっていた。

結果だけがすべての世界だ。

営業マンたちは、「Premium（保険料）」をどれだけ獲得するかに必死になっていたのだが、私はその「SAP」を「幸せを（S）与えた（A）ポイント（P）」と呼んでいた。

単なる売上数値でなく、お客様にどれだけの幸せを与えたかの数値であるという解釈だ。

必勝の意味は、「必ず勝つ！」ではなく、「必ず勝たせる！」であったのだ。

その信念が、私に何よりの「やる気」を与えてくれた。

後に私が営業所長、支社長、統括部長、営業本部長として組織を任されたときにも、「人に幸せを与えた分だけ、自分も幸せになれる」というその方針を徹底し、浸透させてきた。

「SAP」が、私の人生に幸せのポイントをもたらしてくれたことは、言うまでもない。

自宅のトイレを「やる気部屋」へ改造せよ

25

私の現在の自宅は6LDKの3階建てである。

引っ越し前の我が家も3階建てで、なおかつトイレが各階に設置されていた。

要するにトイレが3つあったのだ。

そのトイレの内、来客が使わない3階のトイレだけは、家族専用（ほぼ私が独占）の特別仕様に改造していた。

よそ行きの体裁を整える必要もないため、個室内の装飾は私の自由にやりたい放題で「やる気」がアップするコーディネートを施していた。

とくに風変わりだったのは、そのトイレの壁全体に家族全員が毛筆で書いた「感謝」の二文字が躍っていたという点だ。

それらは、十数年前のお正月に私の発案で始まり、やがて我が家の恒例行事となっていった「新春書き初め大会」における作品群である。

その家族全員分の「感謝」「感謝」「感謝」「感謝」「感謝」の半紙が、トイレの壁をぐるぐるっと囲むように貼られていたというわけなのである。

愛する家族からの「感謝」の二文字に励まされてスタートするのが、私の日課であった。

毎朝、トイレの便座にしゃがみこみ、家族全員の「感謝」の二文字を眺めていると、家族への感謝の思いで胸がいっぱいになり、この上なくハッピーな気分に浸れた。

朝の眠気を覚ましてくれるだけでなく、スーッとカラダの疲労も取り去ってくれたものだ。

そして、ひと晩寝ても消化しきれなかった懸念や心配事までもが、まるで便器の奥へジャーと洗い流されていくかのように、スッキリと感じられたから不思議だ。

さらなるチャレンジングなステージの難局を乗り越える意欲も貰えたし、次々と舞い込む出版のチャンスにおいても執筆の活力をくれた。

そのようにして、感謝のシャワーがさまざまな悩みやストレスから私を開放し、「やる気」満々にしてくれたのである。

ではここであなたへ、カウンセラー、メロディ・ビーティの名言を贈りたい。

感謝は、過去を意味あるものとし、今日に平和をもたらし、明日のための展望を創る

——メロディ・ビーティ

この言葉のように、私はトイレの個室で、家族の健康や平和な日常に感謝しながら、未来の展望を図ってきたわけだ。

そうして、トイレの壁にベタベタと貼られたその「感謝」の二文字は、一年が経ってお役御免になる新年を迎えるそのたびに、進化・リニューアルされていった。張り替えられた書き初めを振り返ると、その年その年の、家族の成長を見て取ることができた。

書き初め大会当初は三女がまだ幼稚園児で漢字が書けなかったため、三女の書いた一枚だけは、「ありがとう」の五文字となった。

やがて三女も小学校高学年に昇級し、皆と同じように、毛筆で「感謝」と書けるように成長していったのだが、当時、幼い手で一生懸命に筆を走らせた「ありがとう」を見るたびに、私は感動し、心に熱くこみ上げるものがあったことを思い出す。

そうやって感謝のハッピーニューイヤーを「やる気トイレ」で迎えるたび、家族全員の新たな決意が更新されていったのである。

私は、小説家、オッペンハイムのこの名言が好きだ。

愚か者は、幸福がどこか遠い所にあると思い込んでいる。
賢い者は、幸福を足元で育てている

——ジェイムズ・オッペンハイム

私はトイレという「人生の足元」で、今ここにある幸福を育ててきたのである。
いつも遠くを眺めてため息をついている人には、足元にある当たり前の幸せに気づいてほしいものだ。

我が家のトイレの壁に貼られている幸福のメッセージは、まだまだ、この「感謝」だけではない。

どこに目を向けても視覚に飛び込んでくるように、ポジティブワード満載のポスターを前後左右の壁に貼りつけている。

あれこれと、明るく元気で素直になれる言葉の数々が張り巡らされ、我が家のちょっとした「やる気掲示板」のようになっているのだ。

娘たちと共同制作したイングリッシュ版のポスターは、今もドアいっぱいにドドーンと掲げている。

「I love you」「Wonderful」「Great」「It is easy」「I can do it」「Active」「Happiness」などなど、何十種類ものポジティブな英単語や熟英語が羅列されている。

それらの中には、「Yes, with pleasure（はい、喜んで）」などの微笑ましいワードもあり、英語の勉強をしながら「やる気」になれて、実用的かつ実践的でもある。

縁起物として、4連続で当せんした宝くじのコピーなども貼りつけていた。

その他、著名な成功者の日めくりカレンダー各種も並ぶなど、便座に座った途端に次々と

「やる気」になれる言葉が目に飛び込んでくるトイレになっているのだ。

朝からポジティブワードのシャワーを浴びることができるのである。

たとえ寝不足で体調がすぐれなかったとしても、「今日もまたいいことがありそうだ」と元気に回復させてくれるトイレなのだ。

日々快食快便で絶好〝腸〟な私は、毎朝5時55分から、まさに、排泄すれば排泄するほどやる気が湧いてくるトイレで用を足している。

私が日々「やる気」満々なのは、このスペシャルルームで過ごす数分間のおかげなのである。

ひと昔前に、「トイレの神様」というヒット曲があったが、実際にトイレには神様が住んでいるのではないかと思うことがある。

トイレには「やる気」を動かす何かが棲みついているのだ。

やがて私は確信するに至った。

その〝何か〟を巧みに動かすのは、毎日繰り返される習慣化であるということに。

ではここであなたへ、哲学者、アリストテレスの名言を贈っておきたい。

人は繰り返しおこなうことの集大成である。だから優秀さとは、行為ではなく習慣なのだ

——アリストテレス

寝起きは頭も体も働き始めていないが、可視化された個室内で繰り返される「感謝の儀式」や「ポジティブな洗脳」は、それこそ毎朝毎朝、年365日であったことが幸いであった。ものの見事に習慣化されていったのだから。

その時間、その空間で、日々の「やる気」をもらえてきたからこそ、私の集大成ができあがったと言っても過言ではあるまい。

26

やる気指数は「口ぐせ」で決まる

私たちの言霊がいかに「やる気」を動かすのか、あなたは理解しているだろうか。

これまで、口に出す言葉の使い方によって、私の「やる気」は大きく左右されてきた。言葉にはプラスのパワーもあればマイナスのパワーもあるが、間違いなく私の成功は「プラスの言葉」によってつくられたと言っていい。逆に「マイナスの言葉」には注意が必要だ。取り扱いに気をつけなければ、繊細な「やる気」はパタッと働かなくなる。

「また失敗しそう」という、起きたら困る心配ごと、「うまくいくはずがない」という不吉な予感、「どうせダメだ」という自虐的な冗談なども、絶対に口にしてはいけない。

それらの発言は瞬く間に自らの「やる気」を下げ、本来は望まない結末へと導いていく。

他人の粗探し・欠点探しの達人もまた「やる気」は上がらない。悪口・陰口は100倍となって自分の潜在意識へとダイレクトに返ってくるからだ。うっかり口に出すたびに、自分が嫌いになっていく。そして潜在意識は、憎たらしい自分を不幸にするための行動を始める。誹謗中傷に同調してくれるエゴイストなパートナーを選び、さらに悪口・陰口がエスカレートしていけば、幸せにブレーキをかけるだけでなく、不幸へまっしぐらの人生へと向かっていくのだ。人間関係を破綻させ、人生破滅の道へと突き進んでいくのである。

ではここであなたへ、歌人、寺山修司の名言を贈りたい。

> 悪口の中においては、つねに言われているほうが主役であり、言っているほうは脇役であるという宿命がある
>
> ——寺山修司

これからは誰にどんな批判をされようとも、人生の主役を張れるようなプラスの未来予想図

を口ぐせにしてほしい。

たとえば、私が外資系生保の支社長を務めていたとき、「100名体制のナンバーワン支社をつくる」というスローガンが私の口ぐせだった。優秀で野心的なアントレプレナーを探し出し、我々のプロの世界へとスカウトするのは本当に難しい。

しかし、このプラスの言葉を連呼しているうちに、赴任当時は退職予備軍ばかりで潰れかけていた40名の支社が、3年後には100名の陣容（うちMDRT35名を輩出）を超えるまでに組織を拡大することができたのである。

その頃、前述したような「10冠王を獲る」というスローガンも声高らかに叫び続けていた。さまざまな人たちから「何をバカなことを！」と訝《いぶか》しがられたが、懲りずにオリジナルの「10冠王ポスター」まで掲示して、「10冠王」「10冠王」「10冠王」と四六時中唱え続けてみると、奇跡が起こった。

どん底で弱小だった私の支社は、やがて全国のコンテストで、本当に10の主要項目すべてが第一位になる偉業を達成してしまったのだ。

ちなみに10項目というのは、目標達成率、保険料収入、契約件数、生産性効率、MDRT占有率、入賞基準達成者占有率、在籍規模、新商品販売実績、契約継続率など、すべて全支社中トップだ。しかも、他支社の追随を許さない断トツの成績でぶっちぎりであった。

こうして今、振り返ってみると、あれは私の言霊によってメンバーの「やる気」が動き出した奇跡だったと言えるのではないだろうか。

ではここであなたへ、組織開発のプロ、ヤークスの名言を贈っておきたい。

どこへ行きたいのかわからなければ、目的地に着いても気づかない

——レスリー・A・ヤークス

あなたは予言者である。いいことも悪いことも、それはもう恐いくらい、あなたが予言した通りに的中していく。

あなたの言葉には、あなたの将来を左右する魔法の力が宿っているのだ。

だからあなたの叶えたい理想や願望に基づき、目的地を明確にして、ビッグマウスの風呂敷

をさらに広げることだ。

「目標を150％達成する」と言い続ければ達成するし、「目標は最低限90％できればいい」と言っていれば、その通りの数字となって現実化する。

「そんな簡単なものじゃない」という、弱気なあなたの心の叫びが聞こえてきそうだが、じつは、そんな簡単なものなのだ。すでに「簡単じゃない」などと言っていること自体が、言霊の力を甘く見ている証拠だ。

こうして、11作目の書籍を出版できたのも、常に私が言い続けている、まさにプラスの言霊の為せる業である。

それらの法則は、私が実際に体得してきたこと。痛い思いもしたし、甘い汁も吸うことができた。そう、これまでずっと言霊が失敗を招き、言霊が成功を引き寄せてくれたのである。

ポジティブな口ぐせをアウトプットすると同時に、自分へもそれをシャワーのように浴びせることで、強いセルフイメージができあがる。

あとは「やる気」になった脳へ刷り込まれたイメージその通りに、ひたすら実行していくだけだ。

ただし、もっともらしいよそ行きの単語を並べて、受け売りの言葉遊びをしても意味がない。

「やる気」を持って願望を実現させるためには、**自分で自分を完全に説得しておくことだ。**

自分自身の口ぐせが本物になるまで徹頭徹尾、魂に語り続けることである。


私は、テニスの名プレーヤー、ナブラチロワのこの名言が好きだ。

「大切なのは勝敗じゃない」って言いたがるのは、たいてい敗者なのよ

——マルチナ・ナブラチロワ

負け惜しみを言う敗者もまた、人生ドラマにおいては脇役である。

もちろんプロセスも大切だが、常に勝つという成果に向かう生き方をしてほしい。そのための正しい言葉を使うことだ。

「やる気」とは、成果に向かうプラスの言葉遣いによって、湧き上がってくるのだと心得よ。

Chapter 04

まとめ

- 「ミラー・アファメーション」を習慣にする
- お金には人格や意志が宿っていて、所有主を選ぶ
- 稼ぐことは、隣人愛である
- 「どれだけ人の役に立ったか」を基準に働く
- 病原体ウイルスや不慮の事故を引き寄せたのは、「邪念」である
- 親不幸者はハイパフォーマーになれない
- 「いつか返ってくる」と信じて、与え続けること
- 「必ず勝つ！」ではなく、「必ず勝たせる！」
- トイレを「やる気部屋」にコーディネートせよ
- ポジティブな口ぐせで、自分自身を説得する

Chapter

05

「チーム」の能力を最大化するリーダーシップ

27

人混みから離れ、孤独を楽しめ

和気あいあいとした仲よしチームの「やる気」は、盛り上がっているように見えて、じつは、地に落ちている。ともすると、「やる気」満々のチームワークで一丸になっているようにも見えるが、業績を見れば一目瞭然だ。

たいていは目を覆いたくなるほどに散々な結果である。

いっときは成果を挙げていたとしても、緊張感の足りない単なる仲よしクラブでは、いずれ統率が取れなくなり、脆くも崩壊する運命が待っているのである。

厳しいイメージのあるフルコミッションの営業組織でさえも、そのような仲よしチームは後を絶たない。私はこの目で、同業他社や他支社の「沈没する船」の残骸を、数えきれないほど見届けてきたのだ。

一方で、「やる気」にあふれている業績好調のチームというのは、馴れ合いにならずに、互いに厳しく、悪いものは悪いと指摘し合えるようなピリピリとした緊張感を漂わせていた。

いったい何が原因で、これほどまでに大きな差を生むのか。

それは、孤高のリーダーの存在感が際立っているかどうかである。

誰がリーダーであるのか、皆目わからないのが、「やる気」の上がらないチームの特徴だ。

日常、優しいリーダーを中心に取り組んでいる改革は何かといえば、おもに傷の舐め合いなのだから、冗談でも笑えない。お互いに切磋琢磨して励まし合うのではなく、「君は悪くないよ」と慰め合うことが文化になっているのだ。

情けないことに、仲よし優先の温厚なリーダーは、そもそも反発が恐いのだ。

だから、メンバーの不正を黙認し、怠惰を放任してしまうのである。

メンバーの自主性に任せることも、一人ひとりの主体性を育てることも、たしかに重要なリーダーの職務である。

しかし、リーダーがメンバーとの衝突を恐れ、踏み込んだマネジメントを避けているようでは、チームの統率は取れない。

ビシッと気を引き締めなければ、メンバーの「やる気」は低きに流されていくものだ。

孤高のリーダーたるもの、いざというときには、命令を下すことから逃げてはいけないのである。

ではここであなたへ、劇作家、イプセンの名言を贈りたい。

我々はみな真理のために闘っている。だから孤独なのだ。寂しいのだ。しかし、だから強くなれるのだ

――ヘンリック・イプセン

厳しいビジネスの世界で生きているリーダーの仕事は、孤独になることを恐れず、チームを統率することである。リーダーとは、孤独と運命を共にすることを代償にして、高い給料をもらっているようなものだ。

笛吹けど踊らず、一向に動こうとしないメンバーと、理不尽な上役からのパワハラとの狭間

で、崖っぷちに追い詰められたときには、「自分は世界中で一人きり。誰も味方がいない」と思えるくらい、孤独な気持ちに苛まれるのではないだろうか。

だからといって、リーダーが孤独を避け、メンバーへ迎合し始めたら終わりだ。

はじめは「優しいリーダーである」と歓迎されるかもしれない。

しかし、羊の皮を被ったしたたかなメンバーからの評価が「優しいリーダー」から「無知無能なリーダー」に変わっていくのに、たいして時間はかからないだろう。

リーダーは決して、羊たちと共に群れてはいけないのである。

メンバーの反発からリーダーが逃げてさえいれば、羊たちはしばらくおとなしくしているのかもしれないが、それではチームの「やる気」は落ちていくだけだ。

「やる気」にあふれたチームを創るためには、リーダーの踏み込んだ本気の指導が必要不可欠なのである。傷を舐め合う集会の場に鬼の形相で踏み込んででも、それを正さなければならない。たとえ羊に噛みつかれようとも、である。

あなたは、サークルのキャプテンでもなければ、クラス会の幹事役でもない。

ビジネスにおいては、成果を出すという明確な目標がある。

そのターゲットから目をそらしたまま、仲よしチームを束ねようとしても、やがては荒廃していくだけだ。統率力の欠如したチームに待っているのは、リスペクトされないリーダーの孤立、すなわち、大黒柱を失ったチームの崩壊である。

いずれ「孤立」してしまうのなら、はじめから「孤独」を楽しめばいいではないか。

決して「孤独」を恐れてはいけない。もう一度、念を押しておく。チームの「やる気」を上げたいなら、リーダーが「孤独」を楽しむことである。

私は、詩人、ウィルコックスのこの名言が好きだ。

君が笑えば、世界は君とともに笑う。
君が泣けば、君は一人きりで泣くのだ

――エラ・ウィーラー・ウィルコックス

一人きりで泣き、メンバーと共に笑わなければならない。

なんともつらく儚い商売だが、それがリーダーの背負う宿命である。

では、それをどうやって楽しむのか。

いくつかの例を提案しておきたい。


「孤独ブレインストーミング」はオススメだ。自分だけしか知らない隠れ家的なカフェで、誰の意見にも惑わされず、独創的なアイデアを捻り出してみるのはどうか。

「孤読書タイム」も、自分と向き合える欠かせない時間だ。せめて月に2冊くらいは良書と向き合いたいものだ。私の場合は、本が「やる気」を上げてくれるメンターだった。

「孤独ウォーキング」も、モチベーションがアップする。ドーパミンが「快」の状態をつくり出し、革新的な戦略が閃いたりするものだ。

「孤独シネマ」も心の澱を洗い流す大切な時間になる。複数人での映画鑑賞は避け、心を揺さぶる人間ドラマなどを独りぼっちで観るに限る。感動が「やる気」を呼ぶのだ。

「孤独な打ち上げ」もオススメだ。期の節目には、バーの静かなカウンターで、自分で自分を褒めてあげながら〝ロンリネス・ショット〟をロックで味わうのである。

ではここであなたへ、瀬戸内寂聴のこの名言を贈っておきたい。

あなたは苦しんだ分だけ、愛の深い人に育っているのです

――瀬戸内寂聴

大いに苦しんでほしい。一人きりで。

大いに楽しんでほしい。一人きりで。

心から孤独の意味を理解できたとき、メンバーへの深い愛情が生まれる。

孤高な愛あるリーダーがチームの中心となったときこそ、本当の意味で心の通い合うチームワークが生まれるのだ。

どうか孤独を恐れないでほしい。メンバー一同、あなたの命を吹き込んだ〝愛のある命令〟を待っているのである。

28

「社会貢献」と「自己実現」をイコールにすると、やる気が湧く

「やる気」にあふれている素晴らしいチームに対して、ネガティブな人たちがやっかみ半分にからかう陰口がある。「カルトっぽいよね、あの連中」という僻《ひが》みと、「怪しい教祖様みたいだよね、あのリーダー」という嫌みである。

ハツラツと「やる気」にあふれ、高い業績を挙げ続けているからこそ妬まれるのだが、**崇高な理想を掲げ、それを実現するために、チームを一つの方向へ動かそうとするとき、それらは理念となってチーム内へ浸透していく。**

「やる気」を失っているネガティブチームのメンバーは、その一体感が羨ましいのである。

ここでいう理念とは、いわゆるお飾りのスローガンではない。そんなものを朝礼で唱和させたところで、メンバーの目は死んだままだ。心にまでは落ちていかない。

理念経営がいい成果を生み出すことは、もはや誰もが知っている常識なのだが、目先の利益追求型のリーダーからすると、その大切さを頭では理解できても、受け入れがたいようだ。「ビジネスは、金がすべてである」という損得重視の論理で働いている人たちからすれば、理念で結ばれた信頼関係の下、「やる気」にあふれている集団に対し、カルト的な不気味さを感じるのだろう。クールな現実主義者にとって「理念がやる気を生み出す」という真実など、とうてい信じがたく、ただ暑苦しいだけのようである。

ではここであなたへ、作家、小関智弘の名言を贈っておきたい。

人は働きながら、その人となってゆく。人格を形成するといっては大げさだけれど、その人がどんな仕事をして働いてきたかと、その人がどんな人であるのかを、切り離して考えることはできない

——小関智弘

いかにして「仕事」と「人生」をイコールにさせられるか。

リーダーの仕事の9割は、理念浸透だ。

リーダーがときに目頭を熱くして理念を唱え、メンバーは感動で胸を熱くする。

日々、そんなシーンを演出できたら最高だろう。

「やる気」に満ちあふれたチームへと導くカギは、ときにメンバーのプライベートにまで首を突っ込み、人格形成のための指導をできるかどうかにかかっている。

メンバーの師匠となり、教えを伝えること。

理念に基づいた判断を下し、指示し続けることである。

単にビジネスの世界だけにとどまらず、世の中の役に立っている、社会に貢献している、といった使命感なくして、メンバーが真の意味で「やる気」になることはない。

リーダーがもっとも大切にしなければならないのは、インテグリティ（高潔さ、誠実さ、公平さ、健全さ）に基づいた「ソーシャル・モチベーション」である。

さまざまな価値観を持っているメンバーを強引にまとめようとしても、チームの「やる気」は上がらない。いくら高額なインセンティブやおいしい人事で釣ろうが、厳しいペナルティで脅そうが、つまるところ一時的な効果しか期待できない。
「うおー、やるぞー！」というベクトルに向かって、チーム全員を結束させるためには、理念浸透を措いてほかにないのである。

ではここであなたへ、作家、バトラーの名言を贈りたい。

誰でもある時期、情熱的になることはある。ある人は30分間熱中できるし、ある人は30日間続く。しかし人生の成功者は30年間情熱が続く人である

——エドワード・B・バトラー

情熱的に、長く継続して伝え続けることだ。あきらめずに。
私が100名以上の組織を率いて支社長を務めていた時代に、しつこく口にしていた経営理念というのは、「働いている社員が精神的にも経済的にも豊かで、社員とその家族が、周囲の

人たちにも自慢できるような、誇りある会社にする」だった。

部外者が冷静に聞けば、まったく心に響かない美辞麗句でしかないのかもしれない。

しかし、である。

「ステータスを上げ社会の常識を覆すんだ」

「古い業界を新たに変革するんだ」

「営業社員の辞めない最高の組織をつくるんだ」

と、毎日お経のように唱えているうちに、それまでは毎月の営業目標を達成できなかったどん底集団だった支社が、全国チャンピオンとして表彰されるまでへと成長したのだ。

お客様第一主義や社会貢献が大優先なのは極々当たり前であるのだが、それと同時に「我々も幸せにならなきゃ、大切なお客様を守れないじゃないか」という大義である。

それまでのチームには、そもそも「何のために」という教えがなかった。

「会社からやれと言われた目標はやることが義務」というように、大義も意味もなくただただ数字に走らされていたために、メンバーの心は疲弊し切っていたのだ。

そこに、「何のために」「誰のために」という意義が加わり、「社会貢献=自己実現」

という教えが瞬く間にチームへ命を吹き込んだのである。

さらに当時は、理念を浸透させるために、少しずつ人生の意味に解説を加えながら、「成功への階段シリーズ」と名づけたメッセージを、毎朝7時半にメール配信し続けたこともあった。それらのメッセージ集がチームメンバーの教典となって理解が進み、その教えは深く深く浸透していったのである。

ちなみに、そのバイブル集がある編集者の目に留まり、初めて私が出版した本の元原稿となっていったのだから、人生とは本当にわからないものである。

私は、ラグビーの名監督であり、清宮幸太郎の父である、清宮克幸のこの名言が好きだ。

本気で勝負しなかった人間は、真の意味での仲間、一生大事にしていける友人をつくることはできない

——清宮克幸

リーダーは、真の仲間を心から愛してほしい。

リーダーは、一生大事にしていける仲間と共に愛ある人生を力いっぱい生きてほしい。

リーダーは、メンバーから自然に、人生の師匠と呼ばれるメンターになれたら本物だろう。

ときには、「マネジャー」ではなく「師匠」と呼ばれたい。

「部長」ではなく「師匠」と呼ばれたい。


「師匠」と呼ばれたとき、その信頼関係は、チームを「やる気」にさせるうえでの揺るぎのない絆となっていくことだろう。

リーダーのミッションとは、チームに理念を浸透させるメンターとなり、メンバーの「やる気」に火をつけるモチベーターとなっていくことなのである。

29 リーダーが「率直・公平」なら、チームのやる気はアップする

もう遥か遠い昔に年功序列、いわゆるエスカレーター人事の時代は終焉を迎えている。

しかし、新世紀の今もなお、その年功序列というぬるま湯の中で、淡い幻想を描いている人は少なくない。

たしかに年次も無視できないのは理解できる。社員の間でハレーションが起きないよう、出世の順番には、暗黙の不文律というものもあるだろう。

「そろそろ私が次のマネージャーかな」と、期待している社員の順番をスキップしてしまうのは、非道な人事であると思うのも無理はない。

そもそも年功序列制は、日本の高度経済成長を支えてきた素晴らしい仕組みだ。

長年にわたりロイヤリティを持って、職責をまっとうする働き方は、ご立派と申し上げるほ

かない。近年、その働き方が再び見直されている傾向もあるほどだ。

とはいえ、単に時間の経過をキャリアとして認めるのなら、ただデスクに座って息をしているだけの昼行灯《ひるあんどん》社員でも評価に値するということになってしまう。

そうと聞けば、評価者であるあなたは、「勤続年数だけじゃない。ちゃんと〝がんばり〟も評価している」と猛烈な反論をするに違いない。

ところがどっこい、このがんばりが、かなり怪しいのだ。がんばり屋さんよりもイエスマンを高く評価する、好き嫌い人事が横行しているのが、ビジネス社会の実態だ。

それはまさに、人が人を評価するときの落とし穴。

人事評価に好き嫌いをはさむと、不公平という感情がチームの「やる気」を確実に奪っていく。人事評価が明確な実績のもとにジャッジされたのかどうか、それを最もよく見ているのは、メンバー一人ひとりなのだ。だから絶対に、エスカレーターの踊り場で昼寝をしているイエスマンを昇格させてはならない。

大切なのは誰もが納得する透明性であり、「具体的に何をしたのか」という客観的な成果でメンバーを評価すべきなのである。

ではここであなたへ、孔子の名言を贈っておきたい。

過ちて改めざるを、これ過ちという

――孔子

もしあなたが公平性を欠くリーダーであるなら、今すぐ率直に過ちを認め、公平に成果を評価する人事に改めてほしい。

そして、正当に評価することによって、メンバーの過ちを改めさせてほしい。

「改善しているか」を基準にして、次のように具体的な取り組みに挑んでみてはどうだろうか。

・働きはできる限り数値化して透明性を高め、評価結果はチーム全体へシェアする
・仲間への協力、貢献も評価し、陰の努力を拾い上げ報奨する
・リスクを取る積極的なチャレンジを称え、ルーティン以外の成果をとくに評価する
・お客様の声や他のメンバーからの意見を尊重し評価に加える
・データ報告だけで判断せず、現場へ足を運び事実だけを見る

というように〝陰のやる気〟についても、公平に見える化していかなければ、メンバーの過ちが改められることはない。

本当のチームワークとは、イエスマンを揃えて派閥をつくることではない。

ぜひとも、メンバー一人ひとりの「名誉」を守ってあげてほしい。

そうすれば、いずれあなたに忠誠を尽くすメンバーにより、永遠の名誉監督として崇《あが》められることになるだろう。

私は、教育家、新渡戸稲造のこの言葉が大好きだ。

忠義とは、追従ではない。名誉を求める心である

——新渡戸稲造

何度も唱えたくなる名言中の名言である。

名誉を求める心を大切にしたいと思うなら、陰の努力を拾い上げることはもちろん、同時に、

マイナスの評価を他のメンバーへ伝えることもご法度にしなければならない。

名誉を傷つけられるような批判をリーダーから口外されたら、メンバーは「やってられない」という心境になり、「やる気」は地に落ちる。

とくに、その場にいないメンバーの話題を持ち出しては、「あいつのここが気に入らない」という陰口を漏らしてしまうことは禁断の愚行だ。

「ここだけの話だぞ」などと口止めしたところで「ここだけの話」「ここだけの話」と陰口は広がっていき、ついには、みんな知っているという最悪の事態に発展する。

そして、リーダーの口から漏れた批判はネガティブに脚色され、とんでもない誹謗中傷となって、必ず本人の耳に入るものだ。

第三者の同僚から聞かされる自分の悪口ほど傷つくものはない。

よって、本人は何百倍も嫌な思いをする。恐ろしいことに、その不信感が積もり積もっていくと、リーダーへの忠義は、やがて遺恨へと変わるのである。

マイナスの評価を伝えなければいけない場面は当然ある。

改善の方向性をいち早く指し示してあげることは、大優先すべきリーダーの職務だ。

そのときには、「直接本人に」「リーダーの口から」「わかりやすく」伝えることである。

もし仮に、うっかり漏らした軽口が原因で、メンバーとの信頼関係に亀裂が入ってしまった場合に備えて、お互いの固い絆を一瞬で回復させてくれる〝魔法の人事評価〟をあなたへ伝授しておく。よくよく心得て、実行に移してほしいものだ。

それは、「メンバーの好きなところベスト100」を作成すること。

それも、一人につき100個ずつだ。長所や強み、好ましく感じている点、嬉しかったことなどを一つひとつ思い浮かべながら、ベスト100を作成するのだ。

ベスト100だからこそインパクトもあるし、サプライズ効果もある。

人事評価もここまできたら、メンバーからの期待値を遥かに超えた〝承認の嵐〟である。数字通り、100倍は喜んでもらえる。

しかも、好きなところベスト100を見つけ出すために、四六時中メンバーの一挙手一投足を集中して観察しなければならないから、悪いところが見えなくなるというさらなるトレーニング効果までも期待できる。

それまでは、メンバーの粗を探し欠点を指摘するマネジメントが当たり前だと思っていたリーダーが、長所を伸ばすマネジメントへと進化していくことになるのである。

ではここであなたへ、社会福祉活動家、ヘレン・ケラーの名言を贈りたい。

いつも太陽の光に顔を向けていれば、影を見ることはありません

――ヘレン・ケラー

すべての現象に対してはもちろんのこと、リーダーたるもの、チーム内の太陽の光に顔を向け、プラス面を探し出す努力をしてほしい。

まずは「好きなところベスト100」にチャレンジし、先入観というサングラスを外してみたら、メンバーの本当のがんばりに気づき、評価が変わるかもしれない。

人間の長所と短所は紙一重だ。100個も褒める最大の効果というのは、「人の欠点も愛せるようになる」ということなのである。

30

「ええかっこしい」をやめて、弱点をさらけ出せ

歴史上の偉人賢人は別格としても、現世にはもはや完璧な人間など存在しないと言っていいだろう。もちろん、完璧なリーダーなど皆無だ。

もしも、周囲がパーフェクトな人間ばかりに見えるとしたら、それはあなたのコンプレックスが引き起こす錯覚である。

だからこれからはもう、完璧なリーダーを装うことはやめにしてほしい。

なぜなら、リーダーが完璧主義の亡霊にとり憑かれ、完璧を目指そうと思えば思うほど、メンバーとの距離は離れていくからである。

虚勢を張り、背伸びをしたところで疲弊するだけだ。

いずれ限界がやってきて、メンバーからはそれを見透かされてしまう。

所詮、隠し通すことはできない。

〝ええかっこしい〟の世界から抜け出せないリーダーは、もはや滑稽だ。

隙のないスマートさを装うリーダーに対し、メンバーの心が開くことはない。

そんなリーダーを横目で観察しながら、賢明なメンバーはどんどん冷めていき、チームの「やる気」は落ちていく一方となるのだ。

「やる気」ある集団に変えたいと思うなら、むしろもっと隙を見せて、リーダー自らの弱点をさらけ出し、チーム内にファンを増やすことである。

ときには恥ずかしい失敗談を笑い話にして伝えてみるのも人間的だ。

知らないことをメンバーに聞いてみたり、苦手なことは頼ってみるのもいい。

落ち度があるなら、頭を下げて潔く謝罪することも必要だろう。

大勢の前で感動の涙を流すのも悪くない。

リーダーである前に、一人の血の通った人間である泥臭さを見せることだ。

人というのは、わかりやすい人を好きになるのであって、何を企んでいるかわからない気取った人間には心を開かないものである。

ではここであなたへ、作家、小林正観の名言を贈りたい。

「人に迷惑をかけたくない」と意気込むより、「迷惑をかけながらでしか生きられない」と思い、まわりのすべてに感謝せよ

——小林正観

「メンバーに迷惑をかけたくない」と思って壁をつくると「やる気」にブレーキがかかってしまうが、「迷惑をかけながらでしか生きられない」といい意味で開き直り、すべてのメンバーに感謝すれば、リーダー自身にも、チーム全体にも、自然と「やる気」が湧いてくるものだ。

完璧を目指す人は、他人にも完璧を要求しがちである。お互いの失敗も許し合える関係を構築できたら最高ではないか。そこに、チームプレーの精神が根づくのではないだろうか。

リーダーとメンバーとの間で、お互いの迷惑を認め合い、許し合っているならば、困難や失敗を予測して補い合うことだってできる。

自分の強みで相手の弱みを救うこともできるのだ。

日本では、子どもに「他人に迷惑をかけてはいけない」という教育をするが、**インドの教えには「あなたは他人に迷惑をかけて生きているのだから、他人のことも許してあげなさい」という有名な言葉があるらしい。**ええかっこしいのあなたのマネジメントには、今すぐにこの「インド式」を導入すべきである。

こうして私も半世紀以上生きてきたが、まだまだ不完全で未熟なリーダーをやっている。

慎重さより直観での行動を重視するあまり、大暴走することがある。

元気がよくて声がデカいため、野蛮人であると思われる。

人を見る目を誤り信じ過ぎた結果、裏切られ大損することがある。

博愛主義で八方美人のところもあり、何かと誤解されやすい。

こうと思ったら自己主張を譲らず、敵をつくってしまうこともある。

そのように、長所と短所は表裏一体であるとはいえ、やはり私は弱点だらけ。迷惑のかけっぱなしだ。よって「アンチ早川」も数知れない。

しかし、ありがたいことに味方も大勢いる。

すべての人たちから支持されようなんて思ったこともない。100%嫌われない完璧なリーダーを目指していたら、逆に味方は誰もいなくなってしまうからだ。

嫌われないように嫌われないように生きていたら、たしかに嫌われないかもしれないが、結局、誰からも好かれることはない。なりふりかまわず、すべてオープンに弱点をさらけ出す嘘のないリーダーのことを、メンバーは好きになるのだ。

私は、「世界のクロサワ」と呼ばれた映画監督、黒澤明のこの名言が好きだ。

> これでもか、これでもかとがんばって、一歩踏み込んで、それでも粘ってもうひとがんばりして、もう駄目だと思ってもズカッと踏み込んで、そうしていると突き抜けるんだ
>
> ——黒澤明

ズカズカッと踏み込んでくる正直なリーダーの前でなら、メンバーもまた正直に自分の弱点をさらけ出し、「丸裸になろう」という思いにかられるものだ。

カッコ悪いがんばりを見せて、壁のある関係を突き抜けると、メンバーの人間らしさも見えてくるはずである。

ではここであなたへ、作家、浅田次郎の名言を贈っておきたい。

何を言ってやがる。手足の揃ったお前にできないことはひとつもない。人間はできないと思ったら、まっすぐに歩くことだってできやしねぇんだ

――浅田次郎

ガツンと気合いが入り、強烈に励まされる名言である。
私たちは弱点だらけでよいとはいえ、決して弱気になってはいけない。
弱点を背負いながらも、困難に立ち向かう強いリーダーの姿を見せてほしい。

「弱みを恐れない愚直な強さ」と「弱みを盾にする卑屈な弱さ」を、はき違えないことだ。

31 チームのたるんだ贅肉は「やる気トレーニング」で絞り切れ

「やる気減退の原因」は必ずある。チームの方針・戦略・戦術がその原因なのか、個々のメンバーの活動・知識・スキルに原因があるのか、365日の現状分析が必要不可欠だ。

しかし、問題の核心と向き合うこともせず、業績不振の原因は「メンバーの働きが悪いから」と、いつまでも根性論を振りかざしているリーダーが多いことは残念でならない。

かわいそうに、「働け、働け！」と強制労働を押しつけられるメンバーはうんざりして「やる気」を失っている。

すでに「がんばる病ウイルス」のページで前述したように、どれだけがんばったところで無意味な努力というものがある。

たしかに努力・忍耐は尊敬に値する。

メンバーのがんばりを否定するつもりはさらさらないが、ただ単に努力を強要すれば解決するというものではない。

そもそもがんばることは極々当たり前のことなのだから、チーム内のグランドルールにおいて「がんばる」というキーワードはタブーにすべきだ。

怠け者ほど心地よいと感じる「がんばる」というニセポジティブワードは、「言い逃れ」「自己満足」「正当化」などの温床になりかねない。

だから決して、このような「がんばるワンダーランド」へとメンバーを逃がしてはならない。

もし逃げ込んでしまったならば、いち早くそこからメンバーを引っ張り出し、リーダー主導の「やる気再生工場」で徹底的に鍛え直してほしい。

トレーニング！　トレーニング！　トレーニング！　を日課にして磨き抜き、戦力外メンバーを蘇生させるのだ。

ではここであなたへ、偉大なるメジャーリーガー、イチローの名言を贈りたい。

どうやってヒットを打ったのかが問題です。
たまたま出たヒットでは何も得られません

――イチロー

ただ単に、気合い・根性を鍛えるトレーニングを実施するのではなく、「どうやってヒットを打ったのか」という根拠に基づいた指導法で課題を解決し、「やる気」を上げるしかない。口先だけの精神論では、スランプという名の中性脂肪は消費できない。チームのたるんだ贅肉はトレーニングで絞り切るのだ。

たとえば、ロールプレイを避けたがる営業メンバーは少なくない。

よって、ロールプレイを指導すべきリーダーも及び腰になりやすく、「また今度でいいか」と先送りにしてしまいがちだ。

しかし、「やる気リーダー」は、絶対にそこから逃げてはいけない。また、メンバーを逃がしてはいけない。

ではここであなたへ、落語家、立川談志のこの名言を贈っておきたい。

型ができてない者が芝居をすると型なしになる。メチャクチャだ。型がしっかりした奴がオリジナリティを押し出せば型破りになれる。結論を云えば、型をつくるには稽古しかないんだ

——立川談志

そうして繰り返し繰り返しメンバーと向き合い、稽古をつけていくことは、それ相当の根気と元気、そしてロープレが必要になる。

この「やる気ロープレ」の進め方の基本プロセスは次の通りだ。

ファーストステップでは、トレーナーでもあるリーダーが見本をやって見せる。

初心者であっても真似できるベーシックなスキルの中に、「これならうまくいく」とメンバーがひざを打ち、プラスアルファ「さすがリーダー、これは凄い！」というスパイスが効いているロールプレイでなければ、「やる気」を与える武器にはならない。

よって、リーダー自身のトークスキルも錆びつかないよう、常に刃を研いでおくことが欠かせないのである。

セカンドステップでは、ロールプレイの重要なポイントを一つひとつ、腹に落ちるまでとことん言って聞かせる。

メンバーへのわかりやすい解説を加えなければ「やる気」は上がらない。

言って聞かせることによって「いい結果に結びつきそうだ」と、メンバーが励まされて一歩踏み出し、「試してみよう」という気にさせることが大切だ。

サードステップでは、実際に目の前で部下にさせてみる。

リーダーが作成したシナリオと、一言一句同じトークになるようなレベルにまで演じさせるのだ。何度も何度も繰り返しオンカメラで撮影した映像を、本人に「お客様の眼」で確認させてみるとよいだろう。

その際、真剣勝負のロールプレイになるかどうかは、リーダーの「手抜きを許さない」というスタンス次第だ。リハーサルのためのリハーサルにならないように、本番さながらの厳しいトレーニングが必要である。

ラストステップでは、フィードバックで褒める。

あらかじめ、テーマ別に客観的な「評点」「改善点」「合格理由」などを記載できるロープレ・シートを準備しておくといいだろう。

ただし、大前提は徹底的に褒めることだ。メンバーの「やる気」にブレーキをかけているのは恐怖心である。だから、褒めちぎって、元気と勇気と希望を与えるのだ。やはり、褒めてやらねば人は育たない。

知識豊富なあなたのこと、すでにトレーニングの大原則に気づいているに違いない。

ロールプレイの4段活用とは、かの連合艦隊司令長官・山本五十六の言葉を実行に移していけば成功するのである。あの「やってみせ、言って聞かせて、させてみて、褒めてやらねば、人は動かじ」の名言には、誰が語り継いだのか、まだ続きがあるらしいではないか。

「話し合い、耳を傾け、承認し、任せてやらねば、人は育たず」

「やっている、姿を感謝で見守って、信頼せねば、人は実らず」

韻を踏みながら何度も読み返したくなる、隠れた名言である。

私は、計算機科学者、フレデリック・ブルックスのこの名言が好きだ。

自分の力量に見合った仕事を求めてはいけない。仕事に見合った力量を求めるべきである

——フレデリック・ブルックス

手慣れた簡単な仕事ばかりで満足していたら、無論、成長はない。マンネリして「やる気」も失っていく。メンバーには、仕事に見合った力量を求めるべきである。

実際のビジネスシーンにおいては、育成の重要性を知りながらも、具体的なトレーニングを実行に移していないリーダーばかりである。

長い会議や説教オンパレードのミーティングは好きだが、トレーニングは二の次三の次、という残念なリーダーに明日はない。「やる気再生工場」のトレーニングで汗を流さないチームに、明るい未来はやってこないのである。

32

危機感を煽るだけの「脅しマネジメント」はやめろ

本当に人は恐怖で動くのか。

罰ゲームのようなペナルティでプレッシャーをかける環境をつくり、「人は恐怖で動くもの」と思っているリーダーが大半だ。しかし危機感を煽り、ただ脅し続けるのは、メンバーの「やる気」を落とす最悪のマネジメント手法である。

「もしこの新商品が売れなかったら、もうこの事業部は解散するしかない」

「今期のバジェットが達成できなかったら、今度こそ経営破綻だ」

「この会社方針に付いてこられない者は、降格・減給させる」

「3年前は90％だったのに、今では65％まで落ちた、このまま50％を切ったら終わりだ」

「抜本的なこの改善策を推進していかない限り、もうこの業界では生き残れない」

切羽詰まった死に体のリーダーからは、このような悲壮感あふれるメッセージしか聞くことができない。前向きなビジョン・ミッションもないフィールドで、メンバーはただひたすら生き残りをかけた、サバイバルなジャングルで戦うはめになるのだ。

「これはやばいぞ」と、恐怖感や危機感でメンバーの尻に火がつき、一過性の効果に勘違いしてしまうリーダーも多いのだが、動機付けが脅しである限り、それは長続きしない。

そのまま次第に、恐喝まがいの高圧的なマネジメントがエスカレートしていけば、当然のごとくメンバーの心は折れていく。明るい未来への希望もなく、ただ疲弊していくのだ。

チームのムードは暗くなる一方で、職場の人間関係もギスギスしていく。

モチベーションは悪化の一途をたどり、ますます業績は下がる。

給与・ボーナスも上がらない。

ロイヤリティなど持てるわけもなく、退職者は雪崩のように後を絶たない。

短絡的な脅しのサバイバルゲームを続けているうちは、チームの発展が望めないどころか、崩壊への道を突き進むことになるのである。

ではここであなたへ、作家、ロランの名言を贈っておきたい。

人生は人間が共同で利用するブドウ畑です。一緒に栽培して、共に収穫するのです

――ロマン・ロラン

単なる生存活動ではなく、ブドウ畑であるチームの繁栄という前向きな目標へ向かい、共に収穫しなければならない。これからはメンバーの「やる気」がみなぎるような激励メッセージを送り続けること、それがリーダーの仕事になる。

「もしこの新商品が売れたら、世界へ打って出るぞ!」

「今期、このバジェットが達成できたら、もう業界では独り勝ちだ!」

「新しいこの会社方針に賛同できる者からプロジェクトメンバーを募りたい!」

「3年前は90%だったのに、今では65%まで落ちた、しかし、100%達成できる切り札がある。それが、この戦略だ!」

「この改革案をどんどん積極的に推進していけば、業界のパイオニアになれる!」

そこにミッションはあるのか。そこに達成感はあるのか。そこに意義はあるのか。そこにビジョンはあるのか。そこに幸福感はあるのか。

リーダーは一刻も早くサバイバルな世界から抜け出して、ワクワク・ドキドキするワールドへと、チームの「やる気」を引き上げてほしい。

私は、オノ・ヨーコのこの名言が好きだ。


ひとりで見る夢は夢でしかない。しかし、誰かと見る夢は現実だ

——オノ・ヨーコ

「共に、夢を現実にする」というスタンスこそが、リーダーの真骨頂だ。どうか胸躍る夢の世界へ、チームメンバーを招待してあげようではないか。

ちなみに、あなたは自分の過ちに気づいているだろうか。

そもそも、「リーダーの意のままにメンバーを動かそう」などというオペレーション志向が間違いなのである。メンバーはマシンではない。機械的に操作しようなんて無理な話だ。どこの誰が、操られたいなんて思うものか。

にもかかわらず、あなたは機械的に動いてくれる便利なメンバーを求めたがる。「意のままに操れるメンバーがほしい」という、ないものねだりが始まるのだ。

そして、うまく事が運ばないと、言うことを聞かないメンバーへ不満をぶつけ、現状を嘆くのである。案外、多くのリーダーが陥っている過ちでもある。

弱体化したチームを再建させたいと願うならば、まず意のままにメンバーを動かしたいと思うオペレーション志向のエゴを認め、即座に改めることだ。

これからは、メンバーの共感を得られるようなマネジメントを心掛けてほしい。

脅迫ではなく、操作でもなく、メンバーが心から共感し「やる気」を生み出すマネジメントである。

しかし、またそこで「共感させよう」などとオペレーション志向が入り込むと、メンバーは動かなくなる。

共感を得たいのなら、リーダーが先にメンバーに共感することである。

ではここであなたへ、神学者、リチャード・フッカーの名言を贈っておきたい。

最高のものが手に入らないなら、
手に入るもので最高のものをつくればいい

――リチャード・フッカー

共に手に手を取り合って走り出したとしても、すぐにそれらの戦略・戦術は時代に合わなくなる。マーケットや環境は刻一刻と変化していくからだ。

リーダーに問われるのは、そのときの現状に文句を言わず、現有戦力と手に入るもので、あの手この手を繰り出し、最高の打ち手を創造するエネルギーである。

「脅し」「操作」「ないものねだり」の3つをリーダー自身が手放したとき、そのチームには、最高の「やる気」が湧き上がってくるものである。

Chapter 05 ▼まとめ

- いざというときに、命令を下すことから逃げてはいけない
- チームの「やる気」を上げたいなら、リーダーが「孤独」を楽しむこと
- メンバーのプライベートにまで首を突っ込み、人格形成の指導をする
- 〝陰のやる気〟についても、公平に見える化する
- 「メンバーの好きなところベスト１００」を作成する
- リーダーである前に、一人の血の通った人間である泥臭さを見せる
- 「やる気ロープレ」を習慣にする
- 動機付けが脅しである限り、それは長続きしない
- 共感を得たいのなら、リーダーが先にメンバーに共感すること

Last Chapter

▼

〝自分も周囲も〟やる気があふれて止まらなくなる

33

エキサイティングな「やる気空間」をつくり出せ

恥ずかしながら、まだ若く未熟なリーダーだった頃の私は、毎晩のように繁華街へと繰り出し、いっときは月に百万円以上もの飲み代を投資していた時期があった。

よって、翌朝は二日酔いと格闘することから始まるのが日課だった。愚かにもそれがチームメンバーの「やる気」を上げる効果的なマネジメントだと信じ切っていたのだ。

しかし、振り返って今思えば、あの投資は単なる浪費だった。そう、私自身の気休めだったのだ。やがて数々の経験の中から「必ずしも、飲みニケーションの頻度とやる気アップは比例しない」という大原則を学ぶに至った。

継続的に「やる気」を上げ続けたいと思うなら、極力、飲み会は控えたほうが賢明だ。

たしかにアルコールの力は凄まじく、飲み会の場は盛り上がる。

オフィスでは物静かなメンバーでさえ、人が変わったようにはじけ出すし、マイクを握れば全員が声高らかに目標必達を宣言する。かと思えば、「会社に人生を捧げます」と号泣するメンバーが出てきたり、一升瓶を小脇に抱えた万年平社員が、ひと晩で宴会部長へと三階級特進してしまうケースもある。

日常ではなかなかメンバーの「やる気」が上がらず悩んでいるリーダーにとっては、まさにめくるめく夢のような世界だ。

ところがアルコールが切れて夢から覚めれば、すべて何事もなかったかのように現実の世界に引き戻されてしまう。

残念ながら、飲み会の勢いだけでV字回復を図れるほど甘くはない。

どれだけ二次会・三次会へと連れ出したとしても、自己満足の無駄遣いにしかならないのだ。

その場限りの「やる気」に騙されてはいけない。

翌日に残るのは、高額な領収書とアルコール臭だけである。

もしオフィスから離れてメンバーとのコミュニケーションを図りたいなら、スタバでの「カフェニケーション」で十分ではないか。お茶だけなら互いの貴重な時間も短縮でき、何よりも安上がりで健康的だ。

念のために伝えておく。チームの指揮は常に「正気」で執ることである。

ではここであなたへ、ノースカロライナ大学名誉教授、ウィリアム・W・パーキーの名言を贈りたい。

> 誰も見ていないと思って踊れ。傷つかないと信じて恋せよ。
> 誰も聴いていないと思って歌え。この世が天国だと思って生きよ
>
> ——ウィリアム・W・パーキー

どうやら、「やる気」アップの近道とは、この世の天国で歌い踊ることらしい。

たとえば、私の支社長時代には、自らが輪の中心となって、毎朝「踊る朝礼」を実施してきた。もちろん正気である。

とくに「やる気」が上がったのは、「感謝の100秒スピーチ」というコーナーである。

全員の前でメンバーが交代して一人ずつマイクを握り、最近起こった嬉しいエピソードや朗報を50秒、今日起きてほしい願望を50秒、計100秒という時間を目安にして「感謝のスピーチ」を展開するのだ。

今日はまだ起きていない出来事であっても「○○というツイてることがありました」というように、過去完了形にして堂々と言い切るルールだ。

お客様からの拒絶が激しい生保営業の世界において、毎日のようにいいことばかりをスピーチすることは至難の業。だからこそ、プラスの出来事だけをイメージする習慣をつくってもらうのが目的の一つだ。

当たり前の日常の中にある幸福や、不幸な出来事の中にある教訓を、ポジティブな解釈ですくい上げ、感謝のスピーチに変える、そのためのトレーニングを実施してきたのだ。

そうしてプラス思考のスピーチをシェアしていけば、メンバーはお互いに前向きな影響を与え合うこととなり、自然と「やる気」が湧いてくるのである。

どのメンバーをスピーチ担当に指名するのか、すべては私の采配次第。

当日の朝まで誰が発表することになるのかわからず、全員が毎朝「いいこと」を考え、心の準備をしておかなければならない。

かくして私の合図がかかると、元気よく全メンバーの手が一斉に挙がる。

初めの頃は、単に挙手するルールであったが、やがて、椅子から立ち上がって大声を張り上げる、ジャンプして手を振り回す、踊りながら飛び跳ねる、猿のものまねをしながら手を挙げる、というように段々と私のお題もエスカレートしていった。

朝からいい大人が全員でオフィスを飛び跳ねている姿を見ていると、あまりの真剣さに私は感動すら覚え、涙があふれそうになることもしばしばだった。

ものまねアピールは、猿だけに留まらず、ゴリラ、ゾウ、ニワトリ、ライオンとヒートアップしていき、さらには、アントニオ猪木、桑田佳祐、五木ひろし、和田アキ子、森進一、志村けん……とブレイクスルーしていった。

「いい歳をした金融機関の人が……信じられない」と思うかもしれないが、すべて嘘偽りのない実話である。いやはやなんとも、エキサイティングな朝礼シーンであった。

ここであなたへ、オーストラリアの看護師・エリザベス・ケニーの名言を贈っておきたい。

一日だけでもライオンでいたい。一生が羊であるよりはいい

——エリザベス・ケニー

メンバー全員が百獣の王ライオン＝ヒーローとなったこのスピーチが、全社的に話題となり、本社のスタッフがビデオカメラ持参で取材にやってきたこともあったほどだ。そして、その朝礼の模様は、本部主催のマネージャー会議でも上映された。

もちろん「好事例として」である。

やはりそうやって声を出しながら体を動かすと、快楽物質が体中を駆け巡り、「やる気」エネルギーが湧いてくるものだ。

勢いで波に乗ったチームメンバーは恐いもの知らずだ。遠慮も消極性も羞恥心も、そして弱気の虫もどこ吹く風、誰もがエキサイティングに働くことができるのである。

私は、ジャーナリスト、ウォルター・バジョットのこの名言が大好きだ。

人生における大きな喜びは、君にはできないと世間が言うことを、やることである

——ウォルター・バジョット

常に世間はあなたへ無理難題を投げかけてくるはずだ。そんなときには、「君にはできないと世間が言うことを、やることである」というこの名言を思い出してほしい。

まさに、私自身もその反骨精神でブレイクスルーを繰り返してきた。

エキサイティングな朝礼効果によって勢いを増した私の営業部隊が、全社平均の3倍もの生産性を挙げる断トツトップのチャンピオンチームへと成長していき、ハワイコンベンション・ゴールドプライズを獲得するに至った事実は曲げようもないのだ。

その勝因は、「やる気空間」をつくるオーバーアクションを、ワッショイワッショイと反復してきたからに他ならないのである。

34 スピードと「やる気回転率」をアップさせろ

「やる気」が落ち、衰退していくチームの特徴は、見苦しいまでの現状維持体質だ。

「無難に、無難に」と、失敗しないことを最優先にして、守りのマネジメントに徹している。

もっと傷ましい**安定志向のリーダーになると、チャレンジに失敗したメンバーを責め、とことん「やる気」を奪う。**

何事もできない理由を巧妙に正当化して、動かないメンバーを寵愛《ちょうあい》し、新しいことへチャレンジしようとするメンバーを認めないのだから、まったくもって酷い話である。

それではチームの「やる気」が上がるわけがないだろう。

そうして、ただひたすら時代遅れのしきたりを押しつけられている、現状維持体質のチームはくたびれ果て、結局、「やる気」のある人は離れていくのだ。

一方で、メンバーの失敗に寛容なリーダーは、やる気の芽を摘むようなことは決してしない。積極性や主体性を育てることに熱心で、失敗を恐れない行動を公平に評価することができる。

仮に、リーダー自身の行動に現状維持の兆候が表れたとしても、すぐにそれを察知してアクセルを踏み、スピードを上げることもできる。

停滞中の戦略やマンネリ化した戦術がチームの「やる気」を奪ってしまうことを熟知している、チャレンジャー体質なのである。

ではここであなたへ、ユニクロ創業者、柳井正の名言を贈りたい。

> スピードがない限り、商売をやって成功することはない。だから僕は失敗するのであれば、できるだけ早く失敗するほうがよいと思う
>
> ——柳井正

私は生保業界において、遅々としてスピードの上がらないチームリーダーが凋落の憂き目に

遭うのを見てきた。

「リスクがあるから動かないほうがいい」が口ぐせになっているリーダーの実績は、たいてい下降線を辿っていき、淘汰されていったものだ。

何もしなければ、失敗はしない。その代わり、成功もしない。

失敗を恐れ、挑戦を忘れたチームに明日はないのである。

ではここであなたへ、フェイスブック創業者、マーク・ザッカーバーグの名言を贈っておきたい。

完璧を目指すより、まず終わらせろ

――マーク・ザッカーバーグ

さすが世界の億万長者・ザッカーバーグである。

「やる気回転率」が上がるシンプルな名言だ。

やはり、「Speed・Next・Start」の「SNS」が大事なのだ。

とにかく、パーフェクトを目指すより、スピードを上げて一刻も早く終わらせること。

成功しようが失敗しようが、その結果に一喜一憂している場合ではない。

結果はときの運であると割り切って、すぐに切り換えるに限る。

スピード決着がついたあとの合言葉は、「さあ、ネクスト！」「リ・スタート！」だ。

収益率の要《かなめ》が回転率であるなら、「やる気」の要も回転率なのである。

すべてのビジネスには、スピードと回転率アップが欠かせない。

たとえば、深刻なほどに回転率が停滞しているセールスチームの典型的な例を挙げるなら、アポ取りに問題、というケースがある。

この繊細な仕事を安易に考えているリーダーは少なくない。

鈍いフットワークにブレーキをかけているのは、正体の見えない恐怖心だ。

彼らメンバーはまるで亡霊に取り憑かれているかのごとく、できるだけ断られないように断られないようにと、アポイントの数を減らす、弱腰な効率を追求している。

一本の電話、一つの受話器が恐怖の物体に見える。

とにかく、後回しにしたい。

今日できる電話でも明日にしたい。

今週ではなく来週にしたい。

できる限り先に延ばして、結局、電話をしないで済ませたいのだ。

いつまで経ってもネクストへ進めずに「やる気回転率」は上がらないというわけだ。

相手は亡霊なのだから、事態は深刻だ。

電話しないで済むさまざまな言い訳をつくる。

「おそらくこの時刻は移動中で携帯電話にも出られないだろうから、あとにしておこう」

「さっき伝言を残したばかりだから、しつこいと思われないよう、明日にしよう」

「今、電話したところで、きっと先方は外出中に違いない、また来週にしておこう」

そうやって見えるはずのない相手の状況を、勝手な自己正当化とネガティブなイメージで膨らませ、うじうじとした遠慮をいつまでもやめないのだ。

それでは、大切な顧客が失われていくだけではないか。

それでいて、自分は気配りのできる「誠実なセールスパーソン」だと思い込んでいるのだから、開いた口が塞がらない。

しかしじつは、彼らに勇気がないのではなく、リーダーの戦術が足りない、という問題と向き合い、踏み込んだ指導ができるかどうかが、回転率を上げる分かれ目だ。

停滞しているメンバーはただ、電話アポイントの成功パターンが習慣化されていないだけだと思ってほしい。

要するに、武器を持たずに行き当たりばったりの感覚で仕事をしているヘタクソな自己流がパターン化され、ひたすら玉砕していると言ってもいい。

戦略的な電話トークを整えれば、アポイントに成功する確率が高まり、メンバーの「やる気回転率」を上げることができる。

リーダーが時代の最先端を行くトーク・スクリプトをつくり、メンバーの手帳に貼りつけることだ。そしてアポ取りの際には必ず、スクリプトを一言一句たがわずに、読み上げさせることである。

電話する目的は「売る」ことではなく、相手と「会う」こと。

もっと言えば、「会うか・会わないか」を決めるために電話するのでもない。

「いつどこで会うか」を決めるために電話するのだ。
メンバーにはシンプルに解釈させ、「いち早く失敗する」意識を持たせることである。
私は、ミュージシャン、ブライアン・アダムスのこの名言が好きだ。

一つのドアが閉まれば、もう一つのドアが必ず開く。
それはバランスをとるための、自然の法則なのだ

――ブライアン・アダムス

一つひとつのドアを閉めなければ、一つひとつのドアは開かない。
たった一本の電話、たった一つの課題、たった一つの指標、たった一つの挑戦、たった一つの「すべて」と向き合い、スピードを上げ、次々と終わらせることである。

もう一つの「やる気のドア」を開けるために。

35 やる気の出るキャッチーな流行語を広めろ

たとえどんなに高尚で、品性が高い方針をリーダーが打ち出したとしても、それが組織の隅々にまで浸透するとは限らない。ではいったい、どのようにすればリーダーの方針が広まって浸透し、組織全体へと「やる気」がみなぎっていくのだろうか。

じつは、方針を組織に浸透させメンバーの「やる気」を上げるための手っ取り早いコツとツボがある。

それは、「組織の流行語をつくる」というベタな仕掛けだ。

世間一般の流行語というのは、その時代の世相を反映する一つの文化である。とすれば、組織独自の流行語が文化をつくり、リーダーの方針を浸透させるキャッチコピーになっていったらしめたものだ。

メンバーの心に響く組織の流行語を、次から次へと浸透させていけば、理念・ビジョン・ミッションから戦略・戦術・コンプライアンスに至るまで、楽々とコンセンサスを得ることができる。**たとえそのフレーズが、メディア発の流行語であったとしても、組織方針をポジティブに推進してくれる言霊であれば、やがて組織オリジナルのキャッチコピーに進化していく。**

そして、方針（キャッチコピー）が文化になり、隅々まで根付いたら、「やる気」にあふれた強い組織になる。リーダーは、その「やる気仕掛け人」でありたい。

ではここであなたへ、日産元ＣＥＯ、カルロス・ゴーンの名言を贈りたい。

アマチュアは問題を複雑にし、プロは問題をシンプルにする

――カルロス・ゴーン

問題をややこしくこじれさせることなく、超シンプルに丸めて解決したいなら、流行語にし

て広めるに限る。

私が率いる組織内では、いろいろな流行語が生まれ、方針が浸透していった。

まだ私が駆け出しのリーダーだった90年代、長嶋ジャイアンツのスローガンを真似て**「スピード&チャージ」**を連呼し始めると、メンバーの間でも「スピード&チャージ」が流行語となり、私自身が唖然とするほど積極的な営業組織ができあがっていった。それまでは、「目標は締切日までにギリギリ達成すればよい」という文化だったのだが、「目標達成は当然。常に高い目標に挑戦し、いかに早く達成するかが重要」という文化に変わっていった。

もちろん、営業所の実績がケタ外れに上昇したことは言うまでもない。

前述したように、**「ホップ・ステップ・ネギップ」**というポスターをつくり、「ネギップ」というスローガンも流行らせた。「ネバーギブアップ」を略して「ネギップ」である。「ネギップ、ネギップ！」と唱和して気合いを入れるメンバーがたくさん現れ、「ネギップであきらめない」は、組織の共通語となった。

「ミッション・パッション・コミッション」というのは、我が組織を超えて広く保険業界全体にまで広まっていった。使命感と情熱を持って堂々とお金を稼いでほしいメンバーに対し、最高のキャッチコピーとなった。

「10冠王」というフレーズも私が言い続けているうちに、メンバーが使うようになっていき、やがてチームは全国のコンテストで、本当に10の主要項目すべてで第一位になっていった。断トツで全支社中のトップとなった。

「ドリプレの神様」や**「ポジティブの神様」**などのさまざまな神様たちも、流行語として活躍してくれた。夢を叶えてくれるドリームプレゼントの神様がいる、前向きに仕事をしているとポジティブの神様が舞い降りる、という救いのある迷信も広まった。

「感動セールス」もメンバーのハートをつかんで浸透した。「保険を売るんじゃない、感動を売るんだ！」と朝礼で叫び、勢いよく出かけていくメンバーの姿は今でも脳裏に焼き付いているし、**「商品を売るな！ 売り方を売れ！」**という、紹介連鎖に有効なコンサルティングセールスの基本フレーズは、お客様との信頼を築く言葉として根付いていった。

「売ることが最大の貢献」というフレーズもオフィス内に飛び交っていた。お客様や仲間への貢献が文化となり、「売ること」が罪悪感から大義へと変わっていった。

「マメ男君」という呼称も流行った。結果、お客様へ手紙やハガキをこまめに出したり、こまかい配慮のできるホスピタリティあふれるメンバーが増えていった。「マメな男はモテる」というタイトルの手紙の書き方マニュアルまでも作成されたほどだ。

「リスクミニュケーション」という造語もつくった。商談で踏み込めないメンバーのための「嫌われることを恐れずリスクを取ってコミュニケーションを取れ」という意味の言葉が、メンバーへ、あと一歩の勇気を与えた。

「生きてるだけでラッキー」というキャッチコピーは、折れそうになるメンバーの心を癒やしてくれた。組織メンバーが、当たり前の今に感謝する心を育んでくれたことにも役立った。

ではここであなたへ、哲学者、ルネ・デカルトの名言を贈っておきたい。

難題は、分割せよ

――ルネ・デカルト

組織の難題は山積されている。それらの難題を分割していき、一つひとつの解決策をメッセージに乗せたものが、キャッチコピーなのだと、私は確信している。

私の組織では、口先ばかり達者で行動しないメンバーには**「ニセポジティブの呪い」**や**「なんちゃって信念」**など、戒めとなるような流行語も生まれた。

怠慢組のメンバーに対し、仕事したつもりになり勘違いしている者は、**「つもり病」**患者、人のせいにしてばかりいる者は、**「○○のせい病」**患者、と呼ばれるようになっていった。

「ツイてる！　ツイてる！」というフレーズは、ブームとなり一世を風靡《ふうび》した。

挨拶代わりにも使われるようになり、お客様との契約があってもなくても「ツイてる！」、落ち込むような大失敗があったとしても「ツイてる！」の連発だった。くよくよと悩んでいる暇もなく、誰もが前向きになり、すぐに次の行動へ移せるよう気持ちを切り替えた。

打ち上げでカラオケに行けば、合いの手は「ツイてる！」だったし、ついには私のオリジナルデザインにて「ツイてるシール」を発注するに至り、メンバーの手帳、携帯電話、名刺入れには、ベタベタとツイてるシールが貼られていたほどである。

こうして、かつての組織の流行語を書き出すと切りがないが、流行語の「やる気仕掛け人」は、すべてリーダーである私である。

私は、精神科医、フランクルのこの名言が好きだ。

祝福しなさい、その運命を。信じなさい、その意味を

——ヴィクトール・エミール・フランクル

運命を祝福する魂のスローガンと、意味を込めたキャッチコピーを組織へ広め、リーダーの方針を浸透させようではないか。

あなたの組織ではどんなキャッチコピーが流行っているのだろうか。間違っても、誹謗中傷のネガティブワードが流行語のように飛び交う組織でないことだけは祈りたい。

明日からあなたの組織の流行語が、**「やる気があふれて、止まらない」**となり、拡散していくことを願ってやまない。

36 正義の名の下に、「やる気人材」は集い、育つ

いったい、リーダーの正義はどこへ行ってしまったのか。

目先の結果と自己評価だけのために、無茶な命令をひたすら下し続ける無知無策なリーダー。

プロジェクト失敗の責任をメンバーに擦りつけ、一方的に左遷させる無責任なリーダー。

業績低迷の戦犯を血まつりにあげては叱責し、メンバーを辞めさせていくだけのリーダー。

なんということだ。最大の悲劇は、現場での尻ぬぐいに悪戦苦闘しているメンバーである。

リーダーが無責任地帯にいて、真のマネジメントをすることはできない。

卑怯なリーダーに付いて行きたいと思うメンバーはいないだろう。

これでは、「ふと振り返ったら誰もいなかった」ということが起きてもおかしくない。

「やる気」あふれる環境へとチームを導きたいのなら、一刻も早く後方待機を改め、常にチー

ムの先頭を突っ走ることだ。

リーダー自身の失敗は潔く認める。チームの低迷はリーダー自身が責任を取る。クレームはリーダー自身が矢面に立って対処し、トラブルは極限までフォローする。

リーダーが常に先頭に立ち、最前線で「蜂の巣」になってほしい。

それでも倒れない。それでもメンバーを守り抜く。そういうリーダーに「やる気人材」は心酔し、どんなことがあってもついて行くのである。

私はこれまで、現場の汚れ役に徹する覚悟で、泥臭い取り組みほど率先してきた。反社会的勢力からの脅しにも矢面に立ち、まさに命懸けで渡り合った。

社内の大掃除は、自らも雑巾を持って号令をかけ、積極的に参加し埃まみれになった。もはや営業マンではない支社長職であっても、販売マニュアルが一新されたら、徹夜で猛練習して習熟し、翌朝、メンバー全員の前でロールプレイを生披露したこともあった。

優秀な営業マンを街中でスカウトしようとマネジャー会議で決めたとき、まず私がはじめに街に出て、歩いているビジネスマンに次々と声をかけ、最も多くの名刺を集めた。

メンバーへの理不尽な表彰規定や処遇を改善してもらうために、クビを覚悟で本社役員室に乗り込み、辞表を片手に5時間もの交渉に臨んだときには、その事実を知った数十名のメンバーから次々と「早川支社長を辞めさせないでください」という懇願メールが役員のパソコンへ届いた。今でもその場面を思い出すと涙があふれてくる。

リーダーは常に現場の最前線で戦うことである。

先頭に立つ率先垂範と泥にまみれるリーダーシップが組織の「やる気」を生み出すことは、いつの時代も変わらないのだ。

ではここであなたへ、反アパルトヘイトの英雄、ネルソン・マンデラの名言を贈りたい。

我々が自らの内にある光を輝かせるとき、無意識のうちに他の人々を輝かせることができるのだ

――ネルソン・マンデラ

「光」とは正義の心ではないのか。我々リーダーが自らの内にあるインテグリティを輝かせる

とき、メンバーの無意識を「やる気」にさせることができるのだろう。

しかし、そうして真っ直ぐにリーダーが輝いていたとしても、残念なことに、あるメンバーから退職の申し出となる現実も避けられない。

「まさか」と思いも寄らなかった者もいれば、「やっぱり」と予想していた者もいる。

優秀で中心的な戦力であった者もいれば、辞めてくれて助かったという厄介者もいる。

説得が失敗に終わり他社へ転職していく者もいれば、引き留め工作に成功する者もいる。

どちらにせよ、そこにはストレスフルな攻防があり、多忙な業務に追われているリーダーにとっては、最も起きてほしくない大事件となる。

さらに退職する仲間が増えてオフィス内に不穏な空気が漂えば、残されたチームメンバーの「やる気」にも影響を及ぼしかねない。

となるとやはり、退職を恐れる腰の引けたリーダーは、まるで腫れ物に触るかのように彼らに遠慮して叱れなくなる。

好きな仕事だけ与え、わがままな要望を受け入れ、人事評価も甘く加点し、時期尚早でも昇給・昇格させ、遅刻も黙認する、というようにすべての踏み込みを甘くさせる。

こうなるともうチームの統制は利かない。むしろ逆に、「やる気」のあるまともなメンバーは辞めていく。退職者は雪崩を打つように後を絶たなくなるのだ。

ところが不思議なことに、「退職してもかまわない」という強い気持ちで厳しく接するほど、結果的に退職していくメンバーは激減するものである。

たとえ仮に、彼らが退職することになってしまっても、それがリーダーの信念に基づく正しい指導の結果であったのなら仕方がないこと、それはふるいにかけた淘汰ではなく、道場での厳しい体験を積み重ねた卒業に過ぎない、と思えばブレない指導ができる。

リーダーたるもの、道場の師範として厳しく腕をふるえなくなったらおしまいなのだ。決して飼い殺しのようなことがあってはならない。

実際に私は、そういう道場主の思いで、門下生を次のステージへと送り出してきた。

去り際には、卒業していく彼らの多くが、こんな言葉を残してくれた。

「早川支社長と一緒に働けて、いい勉強をさせてもらい、成長することができました。この経験を必ず次の職場で活かします。お別れすることは残念ですが、この仕事に就いたことに悔いはありません」

この「悔いはない」という彼らの言葉を聞くことができるたびに、救われた思いになる。

私は、インド独立の父、ガンジーのこの名言が好きだ。

束縛があるからこそ、私は飛べるのだ。悲しみがあるからこそ、私は高く舞い上がれるのだ。逆境があるからこそ、私は走れるのだ。涙があるからこそ、私は前に進めるのだ

――マハトマ・ガンジー

私はこの名言を門下生であるメンバーへ送り続け、共に前を向いて進んできた。

だからといって、すべての門下生を更生させてあげられたわけではないが、それでも門下生の退職を恐れず鍛えてきた。縁あって苦労を共にすることになったからには、最後の最後まで見捨てることなく真剣に彼らと向き合ってきたのだ。

お互いに悔いが残らないようにするためである。リーダーのほうから、次のステージを提案

してあげるタイミングは、お互いにすべてをやり尽くしたと納得できたそのときだ。

断じて、リーダー自身の評価や組織の人数合わせのために、彼らの人生を狂わせてはならない。彼らのこれからを一番に考え、どういう選択肢が彼らにとって適切なのか、それを一緒に考えてあげるのが人としての道だろう。

では最後にあなたへ、伝説のハリウッド俳優、ジェームス・ディーンの名言を贈りたい。

永遠の命と思って夢を持ち、今日限りの命と思って生きるんだ

――ジェームス・ディーン

自らの生き方ももちろんであるが、メンバーの教育においても、永遠の門下生と思って夢を語り、今日限りの門下生と思って育成してほしい。

メンバーが卒業した後も光り輝くよう、今ここで、徹底的に磨き上げるのである。

決して後悔しないために。

Last Chapter

まとめ

- チームの指揮は常に「正気」で執る
- 勢いで波に乗ったチームメンバーは恐いもの知らず
- 組織の流行語を広める
- リーダーが無責任地帯にいて、真のマネジメントをすることはできない
- リーダーが常に先頭に立ち、最前線で「蜂の巣」になれ
- 「退職してもかまわない」という強い気持ちで厳しく接するほど、結果的に退職していくメンバーは激減する

Epilogue――

やる気に火をつけろ！

今このようにして、敬仰する偉人賢人との時空を超えたコラボレーションを一冊にまとめることができるとは、かねてからの念願が叶い、まるで夢を見ているようだ。

贅沢極まりないこの作品の誕生に関われたこと、改めて自画自賛、感動しきりである。

世界の偉人賢人からは、ガンジー、ナポレオン、リンカーン、チャーチル、アインシュタイン、ユング、ゲーテ、ピカソ、ディズニー、マザー・テレサ、ヘレン・ケラー、シャネル、ザッカーバーグなど。

日本の偉人賢人からは、二宮尊徳、宮本武蔵、吉田松陰、坂本龍馬、新渡戸稲造、森鷗外、松下幸之助、黒澤明、瀬戸内寂聴、孫正義、イチロー、宮崎駿など。

歴史上の偉大なる人物をはじめとして、今もなお現役で活躍されている著名人に至るまで、１０８人の心に沁みる名言が、36のメッセージ一つひとつに説得力を増してくれた。


かつて私は10作のビジネス書を出版し、それらはベストセラーにもなった。

それらの作品のコンテンツからモチベーションの上がるテーマをセレクトし、さらにグレードアップさせたのが、今作の「やる気本」だ。

しかし、私の熱い言葉をどれだけ並べ立てたところで、偉人賢人の思いが短いフレーズの中にギュッと凝縮された含蓄ある名言の数々には、逆立ちしたってかなわない。

それはそうだろう。成し遂げた偉業のスケールが桁外れに違う。

そもそも成功者の足元にも及ばない私が、名言の意味を紐解くなど、おこがましいにもほどがあるし、そこまで浮ついてはいないつもりだ。

したがって本書では、名言を解説していくという構成ではなく、私の拙《つたな》い経験と見識を補う構成によって、名言の数々を活用させてもらった。

何よりも、かつての私自身が励まされ、「やる気パワー」に後押しされた言葉ばかりである。毎朝の習慣として、私の組織メンバーにも「本日の名言」をメール配信してきた。彼らも私同様に、その名言から「やる気」をもらっていたようだ。

本書のメッセージ&名言を通して、あなたの「やる気」にも火がついたのであれば幸いである。偉人の言葉が数百年数十年と語り継がれてきたように、本書もまた、永く後世の人々へと語り継がれていくロングセラーとなってくれることを願ってやまない。

最後になったが、このたびの出版に当たり、きずな出版の方々から多大なるご協力を賜り、この機会を得た。そして、編集長の小寺裕樹氏からの的確なアドバイスと心温まる励ましによって、ここに本書が誕生した。

謹んで関係者の方々に感謝申し上げたい。

早川 勝

主な参考文献

『ナポレオン言行録』オクターヴ・オブリ 編集　大塚幸男 訳（岩波書店）

『リンカーン演説集』エイブラハム・リンカーン 著　高木八尺、斎藤光 訳（岩波書店）

『蹴球神髄―サッカーの名言集』岩永修幸 編集（出版芸術社）

『アインシュタイン 150 の言葉』ジェリー・メイヤー、ジョン・P・ホームズ 編集（ディスカヴァー・トゥエンティワン）

『心理療法論』カール・グスタフ・ユング 著　林道義 訳（みすず書房）

『熱風 2010 年 7 月号』スタジオジブリ出版部

『真夜中の幸福論』ジョン・キム 著（ディスカヴァー・トゥエンティワン）

『五輪書』鎌田茂雄 著　宮本武蔵 原著（講談社）

『人を洗脳する賢者の黒い言葉』内藤誼人 著（ぶんか社）

『高山樗牛―美とナショナリズム』先崎彰容 著（論創社）

『名言セラピー幕末スペシャル The Revolution!』ひすいこたろう 著（ディスカヴァー・トゥエンティワン）

『カーネル・サンダース　65 歳から世界的企業を興した伝説の男』藤本隆一 著（産能大学出版部）

『ジョージ・エリオット』R. アシュトン 著　前田絢子 訳（丸善雄松堂）

『心理学』ウィリアム・ジェームズ 著　今田恵 訳（岩波書店）

『特上の人生―やりたいことをやりながら成功する法』竹村健一 著（サンマーク出版）

『賢人たちに学ぶ　自分を超える言葉』本田季伸 著（かんき出版）

『中谷彰宏 名言集―中谷彰宏の元気の出る言葉』中谷彰宏 著（ダイヤモンド社）

『あんぽん　孫正義伝』佐野眞一 著（小学館）

『これでいいのだ―赤塚不二夫自叙伝』赤塚不二夫 著（文藝春秋）

『愛するということ』エーリッヒ・ゼーリヒマン・フロム 原著　鈴木晶 訳（紀伊國屋書店）

『森鷗外の「智恵袋」』森鷗外 著　小堀桂一郎 訳（講談社）

『ニイチエ語録』生田長江 著（玄黄社）

『エミール』ルソー 著　今野一雄 訳（岩波書店）

『ブッダの真理の言葉／感興の言葉』中村元 訳（岩波書店）

『プルタルコス英雄伝』プルタルコス 著　村川堅太郎 編集（筑摩書房）

『マーフィー名言集』しまずこういち 編著（産業能率大学出版部）

『大和俗訓』貝原益軒 著（岩波書店）

『アクエリアン革命』マリリン・ファーガソン 著　松尾弌之 訳（実業之日本社）

『エセー』モンテーニュ 著　原二郎 翻訳（岩波書店）

『自分を考える』ジョン・ラボック 著　渡部昇一 訳（三笠書房）

『I AM JACKIE CHAN―僕はジャッキー・チェン 初めて語られる香港帝王の素顔』ジャッキー・チェン 著　ジェフ・ヤン 著　西間木洋子 翻訳（近代映画社）

『マザー・テレサ　愛と祈りのことば』ホセ・ルイス・ゴンザレス - バラード 著　渡辺和子 訳（PHP 文庫）

『女を磨く　ココ・シャネルの言葉』高野てるみ 著（マガジンハウス）

『感動の詩賦「青春」―心の地下水を汲みあげる』宮澤次郎 著（竹井出版）

『人生はワンチャンス！』水野敬也、長沼直樹 著（文響社）

『レ・ミゼラブル』ヴィクトル・ユーゴー 著　豊島与志雄 訳（岩波書店）

『人生の「師匠」をつくれ!』中村文昭 著（サンマーク出版）

『史上最大の決断「ノルマンディー上陸作戦」を成功に導いた賢慮のリーダーシップ』野中郁次郎、荻野進介 著（ダイヤモンド社）

『覚悟の磨き方　超訳　吉田松陰』池田貴将 著（サンクチュアリ出版）

『ザッケローニの哲学』アルベルト・ザッケローニ 著　久保耕司 訳（PHP 研究所）

『松下幸之助発言集』松下幸之助 著（PHP 研究所）

『命の使い方』落合信彦 著（小学館）

『王道』アンドレ・マルロー 著　渡辺淳 訳（講談社）

『ペルシーレス』ミゲル・デ・セルバンテス 著　荻内勝之 訳（筑摩書房）

『ダーウィン自伝とその生活』フランシス・ダーウィン 著　太田章一 訳（興学会出版部）

『続・いい言葉は、いい人生をつくる』斎藤茂太 著（成美堂出版）

『斎藤一人 15 歳からの成功哲学』小俣治郎 著（ビジネス社）

『小林一三全集』小林一三 著（ダイヤモンド社）

『ゲーテ格言集』ゲーテ 著　高橋健二 訳（新潮社）

『サッカレー研究』藤田清次 著（北星堂書店）

『壁を破る言葉』岡本太郎 著（イースト・プレス）

『手塚治虫　未来へのことば』手塚治虫 著（こう書房）

『欽言力』萩本欽一 著（日本文芸社）

『二宮翁夜話』二宮尊徳 著　村松敬司 編集（日本経営合理化協会出版局）

『コンクリンの成功哲学』ロバート・コンクリン 著　柳平彬 訳（三笠書房）

『ウォルト・ディズニー　創造と冒険の生涯』ボブ・トマス 著　玉置悦子、能登路雅子 訳（講談社）

『ベーコン随想集』フランシス・ベーコン 著　渡辺義雄 訳（岩波書店）

『インスタントラーメン発明王　安藤百福かく語りき』安藤百福 著（中央公論新社）

『世界一の毒舌家マーク・トゥエイン 150 の言葉』ジョン・P. ホームズ、カリン バジ 編集（ディスカバー・トゥエンティワン）

『ピカソ』瀬木慎一 著（集英社）

『幸せのシンプルルール 511』H・ジャクソン・ブラウン Jr. 著　成瀬まゆみ 訳（ゴマブックス）

『人生論』トルストイ 著　原卓也 訳（新潮社）

『生きるためのレッスン 25—母から息子への手紙』マリアン・W・エーデルマン 著　下村満子 訳（新潮社）

『チャーチル　不屈のリーダーシップ』ポール・ジョンソン 著　山岡洋一 訳（日経 BP 社）

『いつも他人に振りまわされる人のための 366 個の言葉』メロディ・ビーティ 著　川口衆 訳（ワンネス出版）

『アリストテレス倫理学入門』J.O. アームソン 著　雨宮健 訳（岩波書店）

『人生なればこそ　一回きりの祝祭』寺山修司 著（立風書房）

『ビーンズ!』レスリー・A・ヤークス、チャールズ・R・デッカー 著　有賀裕子 訳（講談社）

『イプセンの手紙』原千代海 編訳（未来社）

『パッション　愛についての詩集』エラ・ウィーラー・ウィルコックス 著　匠健 訳（アトリエ匠）

『孤独を生ききる』瀬戸内寂聴 著（光文社）

『仕事が人をつくる』小関智弘 著（岩波書店）

『最強のコーチング』清宮克幸 著（講談社）

『論語』金谷治 訳注（岩波書店）

『武士道』新渡戸稲造 著　岬龍一郎 翻訳（PHP 研究所）

『奇跡の人　ヘレン・ケラー自伝』ヘレン・ケラー 著　小倉慶郎 訳（新潮社）

『100% 幸せな 1% の人々』小林正観 著（中経出版）

『黒澤明「生きる」言葉』黒澤和子 著（PHP 研究所）

『蒼穹の昴』浅田次郎 著（講談社）

『赤めだか』立川談春 著（扶桑社）

『人を動かす魔法の言葉』斉藤靖雄 著（SB クリエイティブ）

『魅せられたる魂』ロマン・ロラン著　宮本正清 訳（岩波書店）

『リチャード・フッカー　その神学と現代的意味』西原廉太 著（聖公会出版）

『一勝九敗』柳井正 著（新潮社）

『THINK LIKE ZUCK　マーク・ザッカーバーグの思考法』エカテリーナ・ウォルター 著　斎藤栄一郎 訳（講談社）

『カルロス・ゴーン経営を語る』カルロス・ゴーン、フィリップ・リエス 著（日本経済新聞社）

『ネルソン・マンデラ大統領演説』国際情勢研究会 著（ゴマブックス）

『必ず出会える！ 人生を変える言葉 2000』西東社編集部 編集（西東社）

著者プロフィール

早川勝（はやかわ・まさる）

神奈川県生まれ。

世界有数のフィナンシャルグループを母体とする外資系生保に入社以来、営業の最前線において圧倒的な成果を挙げ、数々のタイトルを獲得。池袋支社営業所長に就任後、社内で最大かつ最高の生産性を誇るコンサルティングセールス集団を創り上げ、No.1マネジャーの称号を得る。その後、名古屋支社長に就任。どん底支社を再生させ、主要項目「10冠王」を獲得。

大手生保より「伝説のカリスマ支社長」として、過去に例のない破格の待遇でヘッドハンティングされる。

その一方で、豊富なキャリアの中で培った能力開発や成功哲学に関する執筆や講演活動をおこなう。

現在もマネジメントの第一線で活躍中。生保各社において、歴史的改革や新規プロジェクトの指揮を執る。

主な著書に『死ぬ気で働いたあとの世界を君は見たくないか!?』（かんき出版）、『ツイてない僕を成功に導いた強運の神様』（大和書房）など多数。

著者公式ホームページ
http://tsuitel.in/books/index.html

やる気があふれて、止まらない。
究極のモチベーションをあやつる36の習慣

2017年11月1日　第1刷発行
2017年11月10日　第2刷発行

著　者　早川勝

発行者　櫻井秀勲
発行所　きずな出版
東京都新宿区白銀町1-13　〒162-0816
電話03-3260-0391　振替00160-2-633551
http://www.kizuna-pub.jp/

ブックデザイン　ISSHIKI
印刷・製本　モリモト印刷

ISBN978-4-86663-014-4

きずな出版

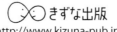